트럼프
금지어 사전

트럼프 금지어 사전

보기만 해도 상식이 채워지는 시사 개념어 수업

트럼프는 이 단어를 왜 금지했을까?

A Dictionary of Forbidden Words under Trump Era

김봉중 지음

트럼프가 공공에서 퇴출시킨
170개의 단어들 톺아보기

베르단디
VERDANDI

차례 | 한눈에 보는 금지 단어들

프롤로그　언어 전쟁의 한가운데 | 012

제1장 | 금지어가 된 **다양성** 표현들 | 018

multicultural 다문화의 • **DEI** 다양성, 형평성, 포용성
diversity 다양성 • **diverse** 다이버스
diverse backgrounds 다양한 배경 • **diverse community** 다양한 공동체
diverse group 다양한 집단 • **promote diversity** 다양성을 증진하다
community diversity 커뮤니티 다양성 • **cultural heritage** 문화유산
cultural competence 문화적 역량 • **bias** 편견, 편향

제2장 | 금지어가 된 **형평성** 표현들 | 042

community equity 공동체의 형평성 • **equity** 형평성
intersectionality 교차성 • **equal opportunity** 기회의 평등
inequity 불공정 • **social justice** 사회 정의
advocacy 옹호, 지지, 변호 • **equality** 평등
inequality 불평등 • **activism** 액티비즘

| 제3장 | 금지어가 된 **포용성** 표현들 | 066 |

increase diversity 다양성을 증가시키다
enhance the diversity 다양성을 증진하다
all-inclusive 올인클루시브 • **sociocultural** 사회문화적인
belong 소속감을 느끼다 • **allyship** 앨라이십, 연대
inclusion 포용성 • **inclusive leadership** 포용적 리더십
fostering inclusivity 포용성 촉진

| 제4장 | 금지어가 된 **인종과 민족** 표현들 | 086 |

Latinx 라틴엑스 • **Gulf of Mexico (1)** 멕시코만 (1)
ethnicity 민족, 민족성 • **tribal** 부족의
Native American 네이티브 아메리칸
indigenous community 원주민 공동체 • **race** 인종
race and ethnicity 인종과 민족 • **racist** 인종주의자
racism 인종주의 • **BIPOC** 흑인, 원주민, 유색 인종 • **Black** 블랙
hispanic minority 히스패닉 마이너리티

| 제5장 | 금지어가 된 **정치적 양극화와 문화 전쟁** 표현들 | 110 |

disparity 격차 • **stereotype** 스테레오 타입
systemic 구조적인 • **unconscious bias** 무의식적 편견
implicit bias 암묵적인 편견 • **injustice** 불의
segregation 분리 • **prejudice** 선입견
polarization 양극화 • **institutional** 제도적인
political correctness 정치적 올바름 • **hate speech** 혐오 발언
status 지위 • **privilege** 특권 • **confirmation bias** 확증 편향

| 제6장 | 금지어가 된 **여성과 젠더 불평등** 표현들 | 132 |

breastfeed + person/people,
chestfeed + person/people 수유하는 사람
GBV(gender based violence) 젠더를 기반으로 한 폭력
biologically + female/male 생물학적 여성, 생물학적 남성
women and underrepresented 여성과 소외된 (집단)
female (생물학적인 또는 법적인) 여성 • **feminism** 페미니즘
pregnant + person/people/persons 임신한 사람
people + uterus 자궁이 있는 사람들

제7장 금지어가 된 **성 소수자와 젠더** 표현들 | 148

LGBT 레즈비언, 게이, 바이섹슈얼, 트랜스젠더
LGBTQ LGBT와 퀴어 또는 퀘스쳐닝
non-binary 논바이너리 • **transgender** 트랜스젠더
sexuality 섹슈얼리티 • **sexual orientation** 성적 지향
sexual preferences 성적 선호
MSM 남성과 성관계를 가지는 남성
Mx. 믹스 • **gender** (사회적) 성
gender diversity 성별 다양성 • **gender identity** 성별 정체성
gender ideology 젠더 이데올로기 • **affirming care** 존중 기반 돌봄
assigned at birth 지정 성별

제8장 금지어가 된 **장애와 건강 형평성** 표현들 | 174

health disparity 건강 격차 • **health equity** 건강 형평성
person-centered 사람 중심의 • **barrier** 배리어
disability 디스어빌리티 • **accessible** 접근 가능한
mental health 정신 건강 • **trauma** 트라우마

제9장 금지어가 된 **소외 계층** 표현들 | 188

underrepresented 충분히 대표되지 못한
underappreciated 저평가된 • **exclusion** 배제, 제외, 소외
underserved 혜택이 충분하지 않은
marginalized 주변화된 • **minority** 마이너리티
commercial sex worker 상업적 성 노동자 • **identity** 정체성
key populations 주요 인구 • **discrimination** 차별
victim 피해자 • **oppression** 억압
vulnerable populations 취약 계층
underprivileged 혜택받지 못한

제10장 금지어가 된 **기후 변화와 환경** 표현들 | 214

climate science 기후 과학
climate crisis 기후 위기
Gulf of Mexico (2) 멕시코만 (2)
pollution 오염
clean energy 청정에너지
environmental quality 환경 품질

에필로그 분열을 넘어설 새로운 언어 | 232

"우리는 지금 문화 전쟁의 한가운데에 서 있다.
문화 전쟁은 얼핏 추상적으로 느껴지지만,
그 본질은 바로 언어 전쟁이다."

프롤로그

언어 전쟁의 한가운데

"나는 모든 차별적인 DEI 정책을 폐지하기 위한 조치를 단행했다."

2025년 1월, 도널드 트럼프 대통령이 세계경제포럼^{WEF} 무대에서 뱉은 이 한마디는 단순한 선언을 넘어 지금 이 순간 우리 사회가 맞닥뜨린 언어와 권력의 충돌을 적나라하게 드러낸 폭발적 선언이다.

그가 '절대적인 넌센스'라 폄훼한 DEI^{다양성, 형평성, 포용성}는 'Woke^{깨어 있음}'라는 단어와 함께 현재 미국 사회에서 정의와 포용을 상징하는 개념으로 자리 잡았다. 시간이 흐르면서 이 단어는 사회 전반에 퍼져 훨씬 더 넓은 의미의 정의와 평등을 대표하게 되었다. 하지만 일부 극단적인 보수 세력은 이를 '좌파의 언어'이자 '반미국적 표현'으로 규정하며 문화 전쟁을 부추기고 있다. 이러한 흐름 속에서 도널드 트럼프 대통령은 그 문화 전쟁의 선봉에 섰다. 트럼프 행정부는 DEI와 관련된 용어의 사용을 철저히 금지하며 이와 연관된 정책과 프로그램들을 잇달아 폐지하거나 대폭 축소하는 행정 명령을 연이어 발표했다. 연방 정부의 공식 문서와 웹사이트에서는 DEI 관련 단어들이 자취를 감췄고, DEI 활동에 참여했던 공무원들의 명단까지 공개되었다. 군대 내에서 진행되던 DEI 프로그램은 전면 중단되었으며 2025년 3월 〈뉴욕 타임스〉가 공개한 '트럼프 금기어 리스트'가 언론을 통해 널리 알려지면서 트럼프 행정부의 반反DEI 정책 실체가 세간에 낱낱이 드러났다.

트럼프 금지어 뉴스를 접하면서 1990년대 초 미국 대학에서 교수로 일하던 때가 떠올랐다. 학과에서 유일한 동양인 교수였던 나는 강의실에서는 큰 문제가 없었지만 교수 사회 안에서의 긴장감은 상당했다. 정치적 올바름PC: Political Correctness을 둘러싼 갈등이 보수와 진보 사이에서 깊어지고 있었다. 진보 성향의 교수들은 PC를 소수자 권리 보호와 차별 금지를 위한 언어·행동 규범으로 존중하는 반면, 보수 진영은 이를 '과도한 언어 검열'이라 비판하며 조롱했다. 이처럼 PC는 당시 문화 전쟁의 상징어로 자리 잡았다.

미국사 교과서 선정과 커리큘럼 운영 등에서 교수들 간 의견 충돌이 잦았다. 연차가 높은 교수들은 자유롭고 여유로웠지만 나는 그렇지 못했다. 아카데믹 프리덤이 보장되어 있었어도 동료 교수들의 시선은 피할 수 없었다. 한국인 신참 미국사 교수로서 느꼈던 심리적 압박은 컸다. 15년간 미국에서 살면서 가장 크게 느낀 '표현의 자유'에 대한 부담이었다.

지금 트럼프 금지어 논란을 보며 그때가 떠오른다. 지금 미국 사회는 그 어느 때보다 용어에 민감하게 반응하는 전례 없는 상황인 것 같다. 그때의 경험을 떠올리며 표현의 자유와 사회적 민감성 사이에서 균형을 찾는 일이 얼마나 어려운지, 그리고 그 갈등이 개인에게 어떤 심리적 부담으로 다가오는지를 다시 생각하게 된다.

또한, 트럼프 금지어라는 말은 자연스럽게 조지 오웰의 소설 《1984》를 떠올리게 한다. 소설 속 '뉴스픽'은 전체주의 국가가 사실을 왜곡하고 조작해 정부가 원하는 대로 여론과 역사를 통제하는 도구다. '뉴스'와 '픽션'이 합쳐진 이 단어는 전체주의 정권이 권력을 유지하기 위해 언어를 교묘히 악용한 상징이다. 반체제적 사고를 불가능하게 만들고 말과 개념을 완전히 지워버리는 장치인 셈이다. 언어가 제한되면 사고도 제한되기 마련이다. 《1984》의 뉴스픽은 그 한계를 극단적으로 이용한 사상 통제의 사례다.

1949년에 발표한 오웰의 《1984》는 마치 트럼프의 등장을 예견이라도 한 듯하다. 트럼프 행정부가 펼친 DEI 금지어 정책은 소설 속 뉴스픽과 놀라울 정도로 닮아 있다. 특정 언어를 금지한다는 것은 그 단어에 담긴 사회적 가치와 논의마저 지워 버리는 일과 다름없다. 공공 영역에서 '다양성'과 '형평성'이란 단어가 사라지면 그 개념들조차 점점 퇴색될 수밖에 없다. 더 나아가 트럼프 진영은 기존의 주류 미디어와 정치 권력이 구축한 '현실 프레임'을 해체하고 자신들만의 새로운 언어를 창조했다. '가짜 뉴스', '대선 도둑질' 같은 표현들은 사실 기반 언어를 무력화하며 대중의 신뢰와 인식을 재구성하는 무서운 무기다. 언어가 단순한 소통의 도구를 넘어 현실 자체를 재창조하는 힘임을 이보다 더 극명하게 보여 주는 사례가 있을까.

이 책을 세상에 내놓는 이유는 트럼프의 금지어 정책에서 우리가 반드시 깨달아야 할 교훈이 있기 때문이다. 우리는 지금 문화 전쟁의 한가운데에 서 있다. 이 문화 전쟁은 얼핏 추상적으로 느껴지지만, 그 본질은 바로 언어 전쟁이다. 이 싸움에서 밀리면 우리는 자유와 평등이라는 민주주의의 근본 가치를 잃게 된다. 특정 단어와 개념이 억압되는 순간, 평등과 포용의 담론은 서서히 사라지거나 왜곡될 위험에 놓인다. 이는 사람들의 사고와 인식에 심대한 영향을 미쳐 민주주의와 사회 정의의 토대를 흔드는 중대한 문제다.

언어는 단순한 대화 수단이 아니라 사회를 지탱하는 근본적 힘이다. 특정 단어를 금지하거나 제한하는 것은 사회 현실과 권력 구조를 뒤집는 행위이며, 그 파장은 우리가 상상하는 것보다 훨씬 깊고 광범위하다. 금지어 논쟁은 결국 우리가 어떤 사회를 꿈꾸고 어떤 가치를 지향할지, 그리고 어떻게 함께 살아갈지를 묻는 근원적 질문이다. 민주주의가 위기에 처한 지금, 더 촘촘하고 엄정한 감시와 균형이 어느 때보다 절실하다.

이 책에서 다룬 트럼프 금지어 목록은 〈뉴욕 타임스〉를 비롯한 여러 언론과 공공 기관에서 공통적으로 중요하다고 선정한 단어들을 엄선해 정리한 결과다. 다양성, 형평성, 포용성 같은 사회적 가치부터 인종과 민족, 정치적 양극화와 문화 전쟁, 여성과 젠더 불평등, 성 소수자와 젠더, 장애와 건강 형평성, 사회적 소외 계층, 기후 변화와 환경까지 총 10개 주제로 나누었다. 물론 어떤 단어들은 주제를 넘나들며 울림을 던진다. 하지만 주제별 무게와 균형을 감안해 분류했으니 단어의 소속에 너무 집착하지 않아도 좋다.

이 책은 줄줄 읽는 책은 아니다. 옆에 두었다가 필요할 때마다 열어 그때그때 뒤져 보는 책이다. 트럼프 시대를 살아가는 현대인의 개념어 입문 사전이라고 하자. 독자들이 여러 번, 그리고 자주 책장을 들추었으면 한다. 이 단어들을 통해 독자들이 미국 문화 전쟁의 심연을 직시하고, 이 현상이 우리 사회에 던지는 무거운 메시지를 곱씹어보길 바란다. 격화하는 진영 갈등과 문화 충돌은 미국만의 전유물이 아니다. 우리도 예외가 아니다. 트럼프 행정부가 공공장소에서 금지하려는 언어들을 마주하며, 우리 자신을 돌아보고 경각심을 새기는 계기로 삼아야 한다. 이것이 이 책을 세상에 내놓는 궁극적 이유다.

마지막으로, 이 책 기획과 단어 취합, 분류, 그리고 사전적 의미 정리에 심혈을 기울여 준 베르단디 출판사의 장정민 팀장께 깊은 존경과 감사를 표한다. 출판인으로서의 사명감과 전문성이 얼마나 큰 힘인지 다시 한 번 깨닫게 해주었다. 이 책이 트럼프 금지어를 널리 알려 우리 사회가 더 성숙한 민주주의를 한 땀 한 땀 쌓아가는 디딤돌이 되길 진심으로 소망한다.

2025년 8월
삼인산 아래에서
김봉중

E Pluribus Unum
여럿으로 이루어진 하나
미국 건국 초기 이념

제1장

diversity

금지어가 된
다양성
표현들

미국 정체성의 본질

다양성diversity은 미국 문화에서 가장 빈번하게 언급되며 핵심 가치로 자리 잡은 개념이다. 이는 서로 다른 배경과 시각, 특성을 지닌 이들이 조화롭게 공존하기 위해 다양성의 존중이 필수임을 반영한다. 다양성이 결여되면 편향bias이 발생할 가능성이 높아진다. 특정 관점이나 집단, 정보에 과도하게 치우쳐 공정성을 훼손하고 왜곡된 판단과 결과를 초래하는 현상이 생긴다.

예를 들어 미국 역사 속 민족적 편견에 의한 이민 정책 중에서 대표적인 것이 1882년 제정된 중국인 배척법Chinese Exclusion Act이다. 이 법은 중국인 이민을 거의 완전히 금지했다. 19세기 후반 미국에서는 중국인 이민자에 대한 강한 편견과 차별이 있었다. 당시 미국 노동자들은 중국인들이 임금을 낮추고 일자리를 빼앗는다고 생각했고, 이런 편견이 결국 미국 역사상 최초로 특정 민족에 대한 이민 금지법으로 이어졌다.

반면, 구글은 다양성을 의사 결정 과정에서 편향을 줄이고 더 공정한 결과를 내기 위한 기준으로 삼은 대표적인 기업 중 하나이다. 구글은 전 세계 다양한 인재를 채용해 인종, 성별, 문화, 그리고 전문 분야까지 폭넓은 다양성을 확보하려고 노력한다. 이처럼 다양성이 확보된 팀에서는 다양한 시각이 균형을 이루면서 특정 그룹에 불리한 편견을 줄이고, 더 공정하고 포괄적인 제품과 서비스를 만들 수 있게 된다. 구글의 사례는 다양성이 단순한 윤리적 가치를 넘어서 혁신과 경쟁력 강화에도 핵심적인 역할을 한다는 점을 보여준다.

미국에서 다양성의 기원은 건국 초기로 거슬러 올라간다. 13개 식민지는 서로 상이한 민족과 종교를 품은 사람들이 모여 새로운 사회를 형성했다. 이들은 각자의 신념과 전통을 존중하며 연방 정부 아래에서 자유와 표현의 권리를 최우선 가치로 삼았다. 하지만 현실은 이상과 크게 달랐다. 백인 중심의 사회 구조 속에서 원주민들은 땅을 빼앗기고 흑인들은 노예라는 가혹한 굴레에 묶였다. 여성과 소수 인종, 이민자들은 법과 사회적 장벽에 부딪혀 차별과 고통을 겪었다. 진정한 다양성이 존중받기까지는 긴 시간이 필요했다.

1960년과 1970년대의 미국은 평등과 포용을 요구하는 거대한 사회 변혁의 물결을 맞았다. 인종과 성별, 출신 배경에 따른 분열된 목소리들이 하나로 모여 차별 철폐를 외쳤고, 1964년에 제정된 민권법Civil Rights Act은 인종 차별의 장벽을 허물기 위한 초석이 되었다. 다양성은 단순한 이상을 넘어 사회의 근본 원리로 자리 잡기 시작했다. 1980~90년대에 들어 다양성은 인종과 성별은 물론 문화와 신념까지 포괄하는 포용의 개념으로 확장되며 미국 사회 전반에 깊게 뿌리내렸다.

2008년, 최초의 흑인 대통령 버락 오바마의 당선은 다양성의 새 시대를 알렸다. 그의 행정부는 다양성을 국정의 중심에 두고 교육과 고용 정책에 적극 반영했다. 그러나 이러한 변화는 보수 진영에 큰 충격을 주었다. 그들은 다양성을 사회 분열과 전통 붕괴의 원인으로 간주하며 경계했다. 이후 트럼프 행정부가 등장하며 다양성에 대한 반발과 갈등은 더욱 격화되었다.

미국의 정체성은 다양한 배경을 지닌 사람들이 함께 살아가며 쌓아 올린 역사 그 자체다. 다양성을 부정하는 것은 그 근본을 부정하는 것과 같다. 갈등과 긴장이 공존하는 가운데서도 오늘날 미국 사회를 지탱하는 힘은 다양한 목소리가 모여 이루어 낸 다문화적 정체성에 있다. 그런 점에서 트럼프 행정부가 다양성과 그에 연관된 개념들을 금지하려는 시도는, 오랜 세월 쌓여 온 미국 정체성의 토대를 뒤흔드는 움직임으로 읽힐 수밖에 없다.

그 파장이 미국 사회에 어떤 변화를 가져올지는 아직 분명치 않으며, 앞으로의 전개 또한 예측하기 어렵다. 좀 더 폭넓게 트럼프가 금지한 단어들을 살펴봄으로써 그 시도의 본질과 그 영향력을 살펴보기로 하자.

다문화의

multicultural

멀티컬처는 한 사회 안에 여러 민족이나 여러 국가의 문화가 혼재하는 것을 이른다. 미국은 다양한 문화가 혼합되어 형성된 나라이다. 과거 미국을 가리켜 용광로에 비유할 때는 이 다양한 문화들이 하나의 정체성으로 녹아 섞이기를 추구했지만, 오늘날에는 점차 샐러드 볼로 비유의 방향이 바뀌고 있다. 여러 재료를 으깨어 뒤섞는 것보다 각자 고유한 맛을 유지한 채 함께 어우러지는 편이 샐러드의 맛을 더 풍성하고 다채롭게 느낄 수 있을 것이다. 이는 다문화주의multiculturalism로 연결된다. 다양한 문화적 요소들을 인정하고 존중하는 동시에 개별성을 지우지 않으려고 노력하는 것이다.

다양성, 형평성, 포용성

DEI

최근 정치, 사회, 경제를 막론하고 전 분야에서 DEI라는 표현을 쓴다. 처음에는 낯설게 느껴지지만 자세히 살펴보면 익히 알고 있는 개념이다.

우리 일상과 가까운 예를 들어 보자. 만약 미국 대학교에 입학했는데 동양 이름이 발음하기 어렵다고 영어 이름으로 바꾸라고 하거나 '너'라고 부른다면 어떤 기분이 들까? 또는 명절에 참석한 가족 모임에서 나이가 차도 결혼하지 않는 건 이상하다며 계속 잔소리를 한다면 그 자리에 있는 것이 즐거울까? TV 광고에 항상 외모가 아름답고 경제적으로 여유로워 보이는 사람들만 나올 때, 온라인에서 누군가가 출신지나 외모 때문에 조롱당할 때, 회사에서 늘 고깃집 회식만 해서 채식하는 사람이 항상 소외될 때, 우리는 그것이 꼭 내가 겪는 일이 아니라도 불편하다거나 불공평하다고 느낀다. DEI는 일상생활에서 겪을 수 있는 이런 수많은 배제의 가능성을 조금이라도 줄이기 위해 나온 개념이다.

DEI는 Diversity, Equity, Inclusion의 약자로, 우리말로 하면 다양성, 형평성, 포용성이다. **다양성**Diversity은 말 그대로 사람들은 다 다르다는 말이다. 생김새, 말투, 성격, 배경, 믿는 것들까지. 서로의 다름을 그냥 '그럴 수 있지' 하고 받아들이는 게 출발점이다.

형평성Equity은 여기서 한발 더 나아간다. 모두가 같은 조건, 동일한 출발선에 서 있는 게 아니라면 어떤 사람에게는 발판 하나가 더 있어야 공정해진다. 누군가는 문턱을 낮춰 줘야 같은 공간에 들어올 수 있는 것이다.

그다음으로 **포용성**Inclusion이다. 단지 함께 자리에 앉는 것만으로는 의미가 없다. 발언할 기회가 없고, 의견이 무시되며, 마치 투명인간처럼 존재가 지워진다면 진정한 포용이라고 할 수 없다. 진짜로 다양한 사람들이 함께하려면 존재를 인정하고 서로의 말에 귀를 기울일 수 있어야 한다.

어찌 보면 DEI는 공동체 속의 구성원들이 같이 지내기 위해, 그리고 사람답게 지내는 데 필요한 기본적인 사회 매너라고 볼 수 있다.

함께 금지한 다른 표현들 ● **DEIA** DEI+접근성Accessibility　**DEIAB** DEIA+소속감Belonging　**DEIJ** DEI+정의Justice

다양성

diversity

> **NEWS** 2025년 6월 4일, 트럼프 대통령은 하버드대에 새로 입학, 연수하는 외국인 학생의 입국을 최소 6개월 동안 전면 중단한다는 내용의 행정 명령에 서명했다. 하버드대는 외국인 학생들을 보호할 것이라는 성명을 내고 즉각 제소하였다.

미국의 다양성 정책은 역사적인 맥락에서 나온 것이다. 미국은 19세기 남북 전쟁 이후 노예제를 폐지했지만 인종 분리법$^{Jim\ Crow\ laws}$으로 인해 흑인은 그 후로도 오랫동안 차별받았다. 짐 크로법은 1965년까지 시행됐는데, '분리되어 있지만 평등하다'라고 말하며 합법적으로 백인과 흑인을 분리하고, 흑인들에게는 대중교통 이용, 화장실 사용, 식당 출입, 군대에서조차 불평등한 대우를 하였다. 1964년 민권법을 제정하여 피부색, 성별, 종교, 출신 등을 이유로 한 차별을 금했지만 지금도 여전히 문제로 남아 있다.

미국 대학들은 소수자 우대 정책$^{affirmative\ action}$을 통해 다양한 배경의 학생들이 어우러지는 학문 공동체를 만들고자 애쓰는 편이다. 기업들 역시 DEI를 경영의 중요 전략으로 삼고 있다. 다양성을 글로벌 경쟁력 강화의 핵심 요소로 보기 때문이다.

그러나 최근 미국은 인종 혐오 범죄가 증가하고 있다. 2023년 미국 연방 대법원은 대학 입시에서 인종을 고려하는 일을 금지하는 판결을 하여 소수자 우대 정책에 제동을 걸었다. 거기에 '이제 다수 인종주로 백인이 불리해졌다'라고 주장하는 목소리도 커지고 있다. 보수 정치 진영에서는 '역차별을 중단하라'고 주장하며 지지층을 결집하는 데 이를 이용하고 있다.

함께 금지한 다른 표현들 • **diversify** 다양화하다 **diversified** 다양화된, 다변화된 **diversifying** 다양화하는 중

다이버스

diverse

> **NEWS** 2022년 11월, 처음으로 한국인 배우가 스타워즈 시리즈의 주연이 되었다는 소식이 전해졌다. 유색 인종 캐스팅을 반대하는 일부 팬들에게 루카스 필름은 '스토리텔링은 모든 사람을 대표해야 한다'고 대답했다.

오늘날 다이버스diverse는 중립적인 단어가 아니라 정치적·사회적 의미를 담은 단어이다. 이 단어가 붙는 표현은 주로 소수자 집단에 대한 인식, 정책, 권리 요구와 맞닿아 있는 경우가 많다.

원래는 '서로 다른, 다양한'이란 뜻이지만, 아프리카계 미국인흑인들이 시민권과 인종 차별 해소를 요구한 민권 운동 이후에는 사회적 소수자 집단이 포함된 상태를 의미하는 단어로 자리 잡았다. 가장 대표적인 민권 운동으로 몽고메리 버스 보이콧 운동을 들 수 있다. 당시 몽고메리에서 버스 앞쪽은 백인 전용석이었고 흑인들은 뒤쪽에 앉아야 했다. 그런데 버스를 이용하는 대다수는 흑인들이었고, 게다가 만석이 되면 흑인은 백인에게 자리를 양보해야 했다. 1955년 로자 파크스가 양보를 거절했다가 체포된 이후 촉발된 버스 보이콧 운동은 민권 운동의 시발점이 되었다.

현재 다이버스^{diverse}는 백인 남성이 중심인 기존 주류 집단과 다른 정체성을 지닌 사람들을 포괄하는 개념으로 확장되었다. 인구 구성을 묘사하는 것에서 벗어나 누가 포함되고 누가 배제되었는지를 묻는 언어가 된 것이다.

다양한 배경

 **diverse backgrounds**

주로 고용, 교육, 정치 참여와 관련된 맥락에서 사용되는 표현이다. 1960년대 이후, 대학 입학과 취업에서 차별받아 온 인종, 젠더, 이민자, 저소득층 출신을 적극적으로 포함시키려는 소수자 우대 정책과 함께 사용되기 시작했다.

> "We welcome applications from people of all backgrounds and ages. Monzo cares deeply about inclusive working practices and diverse teams."
>
> 우리는 모든 배경과 나이의 사람들 지원을 환영합니다.
> 몬조 은행은 포용적인 업무 문화와 다양한 팀 구성을 매우 중요하게 생각합니다.
> - 영국 은행 몬조(Monzo)의 채용 공고 중

다양한 공동체

diverse community

지역 사회의 다인종·다문화 구성을 나타낸다. 특히 도시 재개발, 공공 보건, 교육 분야에서 소외층이 발생하는 것을 방지하기 위한 정책에서 주로 사용되는 용어이다.

다양한 집단

diverse group

이 용어의 사용 여부에 따라 연구, 직장, 프로젝트팀 구성의 다양성 반영 정도를 볼 수 있다. 2000년대 이후엔 기업들이 혁신과 창의성을 높일 전략으로 다양성을 내세우면서 더 많이 사용하게 되었다.

다양성을 증진하다

promote diversity

다양성 증진promote diversity은 다양한 맥락에서 두루 사용된다. 채용 시 다양한 배경의 지원자에게 공정한 기회를 제공하라고 요구하거나 교육 분야에서 여러 문화와 시각을 포괄하는 교재를 사용하는 것은 모두 다양성 증진에 포함된다. 미디어 콘텐츠에 성별이나 인종, 장애 등의 정도가 다른 다양한 인물들을 등장시키고, 정치 분야에서 소수 집단의 대표성을 강화하는 것도 이에 해당된다. 공간 조성 측면에서 보면 장애인이 쉽게 접근 가능하도록 설계하는 것과 젠더 중립 화장실 등이 모두 다양성을 증진하는 것이다.

커뮤니티 다양성

 **community diversity**

이 표현은 하나의 지역 사회 안에 다양한 인종, 민족, 문화, 언어, 종교, 성별, 성적 지향, 사회 경제적 배경을 가진 사람들이 함께 존재하고 살아가는 상태를 의미한다. 이때 인구의 구성이 다양한가만 보는 것이 아니라 다양한 집단이 평등하게 존중받고 참여하는 환경이 조성되어 있는가에 판단의 중심을 둔다.

트럼프는 종종 '우리는 모두 미국인일 뿐 흑인, 백인, 이민자 등을 나누어 차이를 강조해서는 안 된다'고 말해 왔다. 커뮤니티 다양성community diversity은 각자의 정체성과 차이를 존중하자는 메시지를 담고 있다. 하지만 트럼프는 이를 소수 민족에 대한 지나친 강조로 받아들인다. 그는 이 개념이 특정 집단에 집중함으로써 사회 전체의 통합을 해칠 수 있다고 우려한다.

문화유산

cultural heritage

> NEWS 2017년 8월 12일, 버지니아주 샬러츠빌에서 백인 우월주의 단체가 나치 상징과 인종 차별을 공개적으로 외치며 집회를 열었다. 반대하는 시위대와 충돌하는 과정에서 우월주의자의 차량이 돌진해 1명이 목숨을 잃고 19명이 부상당했다. 경찰은 비상사태를 선포했다.

문화유산이라고 하면 한 사회나 집단이 세대를 거쳐 물려받고 유지해 온 문화적 자산을 말한다. 유형 유산건축, 예술품, 유적지 등과 무형 유산언어, 관습, 전통, 의례 등으로 나눈다.

2017년 샬러츠빌 폭동 당시, 백인 우월주의자들은 로버트 E. 리 장군의 동상 같은 남부 연합 기념물의 철거에 반대하며 시위를 벌였다. 또한 '우리는 우리 문화유산을 지킨다We are protecting our cultural heritage'라는 구호를 내걸고 백인의 역사와 문화유산을 지키자고 주장했다. 이 단어를 다양성과 포용성에 반대하는 수단으로 사용한 것이다.

트럼프는 이 시위를 두고 양쪽 모두에게 잘못이 있다고 말했는데, 이후 보좌관들이 극우 세력과 연결될 수 있으니 공식 발언에서 이 단어의 사용을 지양하자고 조언했다. 이 때문에 컬처럴 헤리티지cultural heritage는 더 이상 중립어가 아니게 되었다.

문화적 역량

cultural competence

문화적 역량cultural competence은 다양한 문화적 배경을 이해하고, 효과적으로 소통하며, 적절하게 대응할 수 있는 능력을 말한다. 지식을 갖추는 것을 넘어 인식, 태도, 기술, 실천이 통합된 개념인데, 특히 교육, 의료, 사회 복지 등 사람을 대하는 분야에서 핵심 역량으로 여겨진다. 이때 **문화적 차이**cultural differences에 대해 인식하는 것이 이러한 문화적 역량을 갖추는 출발점이 된다.

'다름을 아는 것'은 사실을 인지하는 것을 넘어 무심코 상처를 줄 수 있는 언어나 행동을 조심하는 태도로 나아갈 수 있다. 인종, 언어, 종교, 가족 구조, 의사소통 방식 등의 차이를 이해해야 편견과 오해가 줄어들고, 보다 효과적으로 상호작용이 가능해진다. 이는 곧바로 **문화적 민감성**cultural sensitivity으로 연결된다. 타인의 문화적 배경에 대해 섬세하게 인지하고 이를 존중하고 배려하는 감각을 갖춘 사람은 상대의 입장을 고려하며 소통하려 노력할 수 있게 된다.

culturally appropriate문화적으로 적절한나 **culturally responsive** 문화적으로 민감하게 반응하는는 실천 차원의 개념이다. 문화적으로 적절한 접근이란, 상대 문화에 부합하거나 조화로운 방식으로 행동하고 서비스를 제공하는 것을 말한다. 예를 들어 의료 기관에서 환자의 전통적인 관행을 존중하며 치료 계획을 세우는 것이 여기에 해당한다. 한편, 문화적으로 민감하게 반응하는 접근은 더 적극적인 개념이다. 특정 문화의 요구나 맥락에 능동적으로 반응하고 그 문화적 자원을 수용하는 실천이다. 이는 특히 교육 현장에서 강조된다. 학생의 문화적 배경을 교육 과정에 반영해 학습 효과를 높이고 정체성을 지지하는 방식이다.

함께 금지한 다른 표현들 • **cultural differences** 문화적 차이 **cultural sensitivity** 문화적 민감성 **culturally appropriate** 문화적으로 적절한 **culturally responsive** 문화적으로 민감하게 반응하는

편견, 편향

bias

> NEWS 2017년 1월 27일, 트럼프 행정부의 행정 명령으로 인해 이란, 이라크, 리비아, 소말리아, 수단, 시리아, 예멘 출신 외국인의 90일 입국이 금지되고 시리아 난민의 입국이 무기한 중단되었다.

편견bias은 어떤 사람, 집단, 사물 등에 대해 한쪽으로 치우친 생각이나 태도를 의미한다. 이런 생각이나 태도는 보통 개인의 경험, 문화, 환경 등에 의해 형성되는데 의식적일 수도 있고 무의식적일 수도 있다.

예를 들어 흑인과 범죄를 쉽게 연결하는 편견, 미국에서 태어나고 자란 사람이라도 아시아계 사람은 이민자로 보는 시선, 여성은 리더십이 약하다고 미리 단정하거나 여성 상사의 단호한 지시를 신경질이라고 여기는 태도 등이 이에 해당된다.

2017년 트럼프 1기 행정부는 국가 안보를 이유로 이란, 이라크, 시리아 등 이슬람교 국가 사람들의 미국 입국을 제한하는 행정 명령을 내렸다. 또 트럼프는 꾸준하게 중남미와 멕시코 이민자들을 마약범이나 범죄자로 이미지화하고 국경에 장벽을 건설할 것을 주장하고 있다. 이 역시 라틴계 사람에 대한 인종적인 편견을 조장하는 일이다.

함께 금지한 다른 표현들 ● **biased** 편향된, 선입견이 있는 **biased toward** ~에 대해 편향된 **biases towards** ~에 대한 편견들

"You are not what you think you are, but what you think, you are and that thinking may be biased."

당신이 생각하는 자신이 진짜 당신이 아니라,
당신이 생각하는 것이 당신이며,
그 생각은 편향될 수 있다."

- 브라이언 트레이시(CEO이자 작가)

Injustice anywhere is
a threat to justice everywhere.
어디서든 부당함이 있으면,
모든 곳의 정의가 위험해진다.

마틴 루서 킹 Jr.

제2장

equity

금지어가 된
형평성
표현들

민주주의 발전의 등불

미국 역사에서 equity^{형평성, 공정성}는 사회 정의와 평등을 실현하기 위한 본질적인 개념으로 반드시 짚고 넘어가야 한다. 흔히 equity를 평등^{equality}과 혼동하기 쉽지만, 두 용어는 그 의미와 적용에서 뚜렷한 차이를 지닌다. 평등이 모든 사람을 동일하게 대우하는 것에 초점을 맞춘다면, 형평성은 각 개인이 처한 환경과 필요에 맞추어 자원과 기회를 조정하는, 보다 섬세한 접근이다. 즉, 공정한 기회를 보장하려면 모두에게 똑같은 잣대를 들이대는 대신 각자의 상황에 맞춘 맞춤형 지원이 필수적이라는 뜻이다.

전통적으로 공정성^{fairness}은 규칙과 절차가 공평하게 적용되는지를 강조하는 개념이지만, 미국 사회에서는 형평성을 보완하고 실현하는 중요한 수단으로 자리 잡았다. 다시 말해 미국에서

equity는 사회적 불평등을 해소하는 데 중점을 둔 개념으로 이해되고 있다.

미국은 건국 초기 원주민 토지 강탈, 흑인 노예 제도, 여성과 소수자에 대한 차별 등으로 공정성이 결여된 사회 구조의 어두운 면을 고스란히 드러냈다. 특히 흑인 집단은 오랜 세월 법적·사회적 억압 속에서 극심하게 고통받았다. 19세기와 20세기에 민권 운동과 여성 참정권 운동이 일어나면서 미국 사회는 중대한 변화를 맞이했다. 이 운동들은 단순히 '모두에게 똑같은 대우'를 요구하는 데 그치지 않고, 각 집단의 특수한 필요와 역사적 불이익을 인정하며 그에 맞춘 지원과 보상을 요구하는 형평성의 원칙을 사회 전반에 확산시키는 데 결정적인 역할을 했다.

1950~60년대, 마틴 루서 킹 주니어가 앞장선 비폭력 저항과 NAACP전미유색인종협회의 치열한 법적 투쟁은 미국 사회의 판도를 뒤바꾸었다. 그들이 요구한 것은 '동등한 대우'에 머무르지 않았다. 오랜 세월 쌓인 역사적 불평등을 바로잡기 위한 적극적인 조치와 보상을 촉구하며, '형평성'이라는 새로운 정의의 기준을 사회 곳곳에 심어 놓았다. 한편, 1920년 19차 수정헌법의 통과로 여성들이 투표권을 얻으며, 여성 참정권 운동은 평등 권리의 초석을 다졌다. 이 두 운동은 평등을 넘어, 각 집단의 독특한 현실과 필요를 반영한 공정한 기회라는 '형평성'의 가치를 미국 사회

에 뿌리 깊게 심어준 역사적 전환점이었다.

이렇듯 법과 제도의 개혁은 이러한 변화를 뒷받침하는 핵심 동력이었다. 차별을 금지하고 동등한 기회를 보장하는 법적 장치가 마련되면서 미국 민주주의는 중요한 진전을 이루었다. 오늘날 equity는 개인이 처한 환경과 사회적 위치, 역사적 경험을 깊이 고려하여 진정한 기회를 제공하는 방향으로 그 의미가 확장되었다. 이는 각기 다른 배경과 조건을 가진 사람들이 자신에게 맞는 지원을 받을 때 비로소 공정한 경쟁과 참여가 가능하다는 사회적 인식을 반영하는 것이다.

미국이 지향해야 할 미래는 equity를 기반으로 한 사회다. 형평성과 공정성이 조화롭게 실현될 때, 다양한 인종과 성별, 장애 유무 등 여러 배경을 가진 사람들이 모두 존중받으며 성장할 수 있는 진정한 공동체가 만들어진다. 그러나 이 가치가 사회 전반에 뿌리내리기까지는 아직 긴 여정이 남아 있는 것 같다.

공동체의 형평성

community equity

(NEWS) 2025년 7월 13일, 흑인 밀집 지역인 미국 앨라배마주 로운데즈 카운티는 열악한 토양과 하수 인프라의 부족으로 기생충 감염, 분뇨와 폐수 처리 등이 주민들의 위생과 건강에 큰 위협이 되고 있다. 2023년 바이든 행정부에서 이를 개선할 재정 지원을 약속받았지만 2025년 트럼프의 DEI 철회로 지원이 취소되었다.

비즈니스 분야에서 community equity라고 하면 소비자들이 기업이나 브랜드를 얼마나 믿고 좋아하는지를 중요한 자산으로 여기는 마케팅을 의미한다. 하지만 사회적 맥락에서는 구성원 모두가 공정한 기회를 누리고 자원에 균등하게 접근할 수 있도록 한다는 개념이다.

우리나라의 예로는 뉴타운 재개발을 들 수 있는데, 과거에는 재개발을 하면 원래 살던 주민들이 그 지역에서 내쫓기는 현상이 발생했다. 오늘날에는 이 문제를 개선하려는 노력의 일환으로, 원주민의 재정착 지원과 공공 임대 주택 공급 등을 통해 주거 형평성을 강화하고 있다. 또 주민들이 직접 자기 지역의 문제들을 의논하고 공공시설, 복지, 돌봄 서비스를 결정하도록 하거나 고령자, 저소득층, 장애인 등을 위한 맞춤형 복지관이나 지역 돌봄 센터를 설치하는 것도 공동체 내의 공정성과 형평성을 유지하려는 노력에 해당된다.

미국 역시 저소득 지역에 공공 주택, 커뮤니티 센터, 직업 훈련 프로그램 등을 지원해서 지역 간의 격차를 줄이려고 애쓰고 있다. 또 상대적으로 저소득층이 재해나 유해 시설에 더 쉽게 노출되고, 재난이 일어났을 때 더 큰 피해를 입는 현상을 방지하려는 노력도 기울인다. 바이든 정부는 연방 기후 예산의 40%를 저소득층 지역에 우선 지원해 기후 회복, 청정에너지 공급, 안전한 물과 대기질 확보 등을 추진해왔다. 이를 환경 정의environmental justice라고 한다. 그러나 트럼프 정부에서는 이와 관련된 정책들이 모두 전면 철회되거나 축소되고 있다.

형평성

equity

> NEWS 2025년 1월 21일, 트럼프 대통령은 앞으로 인종·성별에 따른 우대 조치를 철회하고 '능력과 공정 기준'으로 전환한다는 행정 명령을 내렸다. 그리고 연방 정부 내 모든 DEI 프로그램을 폐지하고 관련 직원들을 대거 해고하거나 직위 해제하였다.

형평성은 과거부터 현재까지 이어진 불평등을 바로잡고, 누구나 공정한 결실을 누릴 수 있도록 기회와 자원을 차등 지원하는 정의 실현의 원칙이다. 환경 정의와 지역 균형 발전 정책 등이 대표적인 실천 사례이다. 미국 캘리포니아주의 '환경 정의 이니셔티브'는 오랜 시간 환경 오염에 취약했던 저소득층과 유색 인종 커뮤니티를 보호하기 위해 마련된 정책이다. 이 정책은 해당 지역에 엄격한 환경 규제와 감시를 강화하고, 피해 복구에 재정 지원을 아끼지 않았다. 그 결과, 주민들의 건강이 눈에 띄게 개선되었고, 모두가 보다 안전하고 쾌적한 환경에서 삶을 영위할 수 있게 되었다.

우리나라의 '혁신도시 개발 사업' 또한 비슷한 맥락에서 주목할

만하다. 수도권과 지방의 경제적 격차를 해소하기 위해 공공 기관을 지방으로 이전시키고, 해당 지역에 인프라 구축과 일자리, 교육 기회를 집중 지원하는 정책이다. 이로 인해 지방 소도시들이 활기를 되찾고 지역 주민들은 보다 균형 잡힌 성장의 혜택을 누리게 되었다.

이처럼 과거의 불평등을 바로잡기 위한 차등적 지원은 모두에게 공정한 기회를 보장하는 형평성의 실천이라 할 수 있다. 이런 식으로 형평성은 과거부터 쌓인 불공정함을 바로잡고, 누구에게나 공평한 기회를 주는 데 초점을 맞춘다.

기회의 평등equal opportunity이 기회는 동일하게 제공하되 결과는 개인의 노력과 능력에 따라 달라질 수 있다는 것을 의미한다면, 형평성은 단순히 기회만 똑같이 제공하는 데 그치지 않고 결과의 차이까지 고려해 공정성을 맞추려는 개념이다.

왜 결과까지 고려하는 게 공정인지 의아하다면 역사적인 맥락을 함께 살펴봐야 한다. 역사적으로 많은 사회는 인종, 성, 계급 등의 차별로 인해 구조적 불평등을 겪어 왔다. 특히 미국에서는 흑인에 대한 차별이 심했고, 여성들은 오랜 기간 교육과 고용에서 배제되었다. 이 때문에 단순히 기회 평등만 주어서는 과거부터 쌓인 불평등을 해소하기가 어렵다는 인식이 생겼다.

1960년대 민권 운동 이후 미국은 소수 인종과 여성에게 대학 입학이나 고용에서 일정한 할당을 제공하고, 저소득층 지역에 공공 주택·교육·보건 자원을 우선적으로 배분하여 형평성을 높여 왔다. 다국적 기업들도 ESG 경영의 일환으로 형평성을 핵심 가치로 삼아 조직 문화와 정책에 반영하고 있다.

함께 금지한 다른 표현들 • **equitable** 공정한, 공평한 **equitableness** 공정성

교차성

intersectionality

교차성은 단일한 차별 개념만으로 설명할 수 없는 억압의 복잡성을 드러내기 위해 발전한 개념이다. 인종, 성별, 계급, 성적 지향, 장애 등 다양한 사회적 정체성이 서로 얽혀서 개인이 겪는 차별 경험은 복합적일 수밖에 없다는 점에 주목한 것이다. 교차성 이론의 뿌리는 흑인 여성 운동과 제3 세계 여성 운동에서 '백인 중심의 페미니즘'이 놓친 문제를 지적한 흐름과 맞닿아 있다. 교차성 개념은 1989년 미국의 법학자인 킴벌리 크렌쇼가 처음 사용했다. 흑인 여성들이 겪는 차별이 한 가지 원인으로 설명되지 않는 상황을 비판한 것이다. 흑인 여성 노동자들이 해고나 고용 차별로 불이익을 당하면, 법원은 흑인 남성 혹은 백인 여성과 비교해서 차별이 없다고 판결하곤 했다. 즉, 흑인과 여성을 따로 본 것이다. 크렌쇼는 이런 방식으로는 진짜 실존하는 차별 구조가 제대로 드러나지 않는다는 점에 주목하고, 인종과 젠더가 상호 작용하여 새로운 억압 형태를 만든다는 점을 밝혔다.

함께 금지한 다른 표현들 • **intersectional** 교차적인

"I am Black and I am a woman. But feminism looks at me only as a woman, and anti-racism looks at me only as Black. I want to talk about the oppression I face when those identities intersect."

나는 흑인이고, 나는 여성이다. 그런데 페미니즘은 나를 오직 여성으로만 보고, 인종 차별주의자들은 나를 흑인으로만 본다. 나는 이 둘이 겹쳐질 때 직면하는 억압에 대해 말하고 싶다.

- 킴벌리 크렌쇼

기회의 평등

 **equal opportunity**

누구나 인종, 성별, 장애, 종교, 사회적·경제적 배경과 무관하게 똑같이 경쟁하거나 경쟁에 참여할 기회를 보장받아야 한다는 개념인데, 이때 '기회'는 기계적으로 똑같은 조건이 아니고 사회적 차원에서 차별 없는 출발선을 마련해주는 것을 의미한다.

미국은 고용 차별을 감독하는 연방 기관Equal Employment Opportunity Commission을 두고 있다. 그리고 차별금지법Title VII of the Civil Rights Act of 1964을 통해 인종이나 성별로 인해 고용과 교육에서 생기는 차별을 완화하고자 하였다. 기업들도 차별 금지와 적극적 우대 조치 규정을 도입했다.

그러나 2025년 1월 21일 트럼프 대통령은 새 행정 명령을 통해 이를 철회하고, 앞으로는 '능력과 공정 기준merit-based'으로 전환한다고 발표하였다. 또 연방 정부 내 모든 DEI 프로그램을 폐지하고 관련 직원들을 대거 해고하거나 직위 해제하였다. 이에 따라 연방 정부와 계약 관계에 있는 기업들 가운데 많은 기업이 인종과 성별을 기준으로 하는 다양성 정책들을 중단하고 있다.

불공정

inequity

여기서 불공정inequity은 특정 집단이나 개인이 자원, 기회, 권리를 동등하게 누리지 못하도록 사회에 구조적인 장벽이나 차별이 존재한다는 것을 의미한다.

같은 일을 해도 인종, 성별, 출신 배경에 따라 임금이 다르게 책정되거나 저소득층이 양질의 교육과 의료 서비스를 받기 어려운 상황이 모두 **불공정한**inequitable 사회 구조의 대표적인 사례다. 재난이나 환경 오염의 피해가 사회적 약자에게 더 크게 돌아가는 현상도 불공정이라고 볼 수 있다.

애초에 성과주의를 옹호하고 형평성에 대해 강한 반감을 보여온 트럼프에게 이 용어는 구조적인 불평등이 있다는 것을 인정하는 개념이기에 달갑지 않을 수밖에 없다.

함께 금지한 다른 표현들 • **inequities** inequity의 복수형, 불공정한 상황들
inequitable 불공정한, 형평에 어긋나는

> "God was disappointed with this inequity
> as the strong threatened the weak with death."
>
> 하나님은 강자가 약자를 죽음으로 위협하는 이 불공정함에 실망하셨다.
>
> - 톨스토이, 〈올바른 길Work, Death, and Sickness〉(1903)

사회 정의

social justice

NEWS 2020년 5월 25일, 미국 미네소타주 미니애폴리스에서 경찰의 과잉 진압으로 인해 흑인 남성이 사망하였다. 당시 46세였던 조지 플로이드는 위조지폐 사용 혐의로 체포되었는데, 그 과정에서 경찰관이 무릎으로 플로이드의 목을 약 9분 29초간 눌렀고, 플로이드가 숨을 쉴 수 없다고 호소하였지만 멈추지 않았다. 결국 플로이드는 현장에서 사망하였다.

투표를 예로 들어 보면, 누구나 투표할 권리를 보장하는 것을 법적인 정의라고 한다면, 사회 정의social justice는 투표소 접근이 어려운 장애인이나 교통 약자를 위한 조치를 하는 것을 말한다.
사회 정의라는 개념은 근대 시민 혁명과 산업 혁명 이후 급격한 사회 변화 속에서 발생한 불평등 문제를 해결하려는 생각에서 발전했다. 19세기 산업화로 인한 노동 착취와 빈부 격차가 심각해지자 노동 운동과 사회주의 사상이 대두되었고, 노동권과 복지가 사회 정의의 핵심 가치로 자리 잡았다. 20세기에는 민권 운동, 여성 운동, 반식민지 운동 등 다양한 인권 운동과 결합하여 차별 철폐를 포괄하는 개념으로 확장되었다. 최근에는 기후 위기, 디지털 격차, 이주민 권리 등 새로운 불평등 문제를 포함한다. 사회 정의는 시혜적 복지가 아니라 모두가 존엄하게 살 수 있는 사회 질서를 만드는 것이라고 볼 수 있다.

옹호, 지지, 변호

advocacy

옹호advocacy의 어원은 라틴어 advocare불러서 돕게 하다에서 유래했다. 원래는 법정에서 의뢰인을 대신해서 주장하는 변호의 의미였다가 현대에는 소외된 개인이나 집단의 권리를 위해 목소리를 내고 사회적 변화를 촉구하는 행동을 의미하게 되었다.

LGBTQ+ 권리 운동의 경우, 미국에서는 1969년 스톤월 항쟁 이후 성 소수자 단체들이 동성 결혼 합법화, 차별금지법 제정을 위해 꾸준한 활동을 펼쳤다. 이는 2015년 연방 대법원의 동성 결혼 합법화 결정으로 이어졌다.

현대의 NGO나 시민 단체들은 온라인 캠페인과 SNS를 적극적으로 활용한다. BLMBlack Lives Matter, 흑인의 생명도 소중하다 운동이나 미투MeToo 운동이 가장 대표적인 예이다. 2013년 시작된 BLM 운동은 SNS 해시태그#BlackLivesMatter를 통해 경찰 폭력과 인종 차별 문제를 전 세계에 알렸다. 특히 2020년 조지 플로이드 사건 이후 X옛 트위터, 인스타그램, 틱톡 등에서 온라인 시위와 기부 캠페인이 급속도로 확산되었고 대규모 거리 시위로 이어졌다.

성폭력 피해자들이 자신의 경험을 SNS에 공유하며 '#MeToo'를 붙여 연대한 미투 캠페인 역시 온라인 폭로와 지지가 확산되었고, 할리우드뿐만 아니라 정치, 기업 등 다양한 분야에서 권력형 성범죄가 드러나며 제도 개선 논의로 이어졌다.

또한 개인이 쉽게 온라인 청원을 시작하고 서명을 모을 수 있는 체인지Change.org 같은 디지털 플랫폼들도 활발하게 활용되고 있다. 이런 청원 사이트는 대중의 목소리를 결정권자에게 직접 전달한다는 점에서 강한 영향력을 발휘한다. 디지털 지지 선언은 물리적인 한계를 넘어 빠르고 넓게 확산할 수 있기 때문에 더욱 강화되어 가고 있는 추세이다.

함께 금지한 다른 표현들 ● **advocate** 옹호하다, 지지하다 **advocates** 옹호자, 지지자

평등

equality

평등equality은 형평성을 실현하기 위한 기본 조건이지만, 동시에 이것만으로는 불평등을 바로잡을 수 없다는 한계도 지적된다.

평등은 기본적으로 모든 사람이 동등한 권리와 기회를 가져야 한다는 원칙이다. 이때 출발선이 다르더라도 모든 사람에게 같은 조건, 같은 자원, 같은 대우를 제공하는 것이 핵심이다. 예를 들어 동일한 교육 기회를 주거나 법 앞에 모두가 평등하다고 선언하는 것이다.

하지만 형평성의 관점에서 보면 기계적인 equal동일이 반드시 공정하지는 않을 수 있다. 모두에게 똑같은 높이의 사다리를 준다고 해서 키 작은 사람이 높은 벽을 넘을 수 있는 건 아니다.

불평등

inequality

> NEWS 미국 연방준비제도이사회가 발표하는 자산 분배 통계 DFA에 따르면, 2021년 4분기 기준 상위 20% 가구의 순자산 점유율은 71%인데, 이 중 상위 1%가 30.9%를 차지하고 있다. 하위 50% 가구는 부의 2.6%를 차지하고 있다고 한다.

이때의 불평등 inequality은 사람들 사이에 자원, 기회, 소득, 권력이 고르지 않게 분배된 상태로, 불공정한 상태에 가깝다.

아플 때 누구나 병원을 이용할 수 있는 것은 평등이다. 이때 불평등은 소득이 낮아 병원비를 감당할 수 없을 경우에 치료받는 것을 포기하는 것이다. 형평성은 소득이 낮은 사람에게 의료비를 지원하고, 더하여 소득 차이에 따라 차등 지원을 확대하는 것이다.

학교에서는, 모든 학생에게 똑같이 장학금을 지급하는 것은 평등, 다양한 기준을 거쳐 가난한 학생에게 더 많은 장학금을 지급하는 것은 형평성 추구이다. 그런데 만약 성적순으로만 장학금을 지급한다는 기준을 만들었다고 가정하자. 부유층은 사교육을 통해 경쟁 우위를 점하고 저소득층은 일과 학업을 병행하는 경우, 현실적으로 부유층이 장학금을 모두 독식하는 상황이 될 수 있다. 이를 불평등한 상황으로 보는 것이다.

액티비즘

activism

시민이 사회 문제를 해결하거나 정책을 변화시키기 위해 자발적으로 행동하고 참여하는 것을 뜻하는데, 의견 표현을 포함해 제도 변화와 정책 개선을 목표로 집단적이고 조직적인 행동을 하는 것이다. 예를 들면 환경 보호 법안을 통과시키라는 청원을 하거나 여성 폭력 방지법 개정을 요구하는 것이다. 정부와 의회에 직접 압력을 가하거나 대중의 관심을 모아 여론을 형성하며, 때로는 법적 소송이나 국제기구 제소 같은 제도적 수단을 함께 사용하기도 한다. 특히 현대 사회에서는 SNS와 디지털 플랫폼 덕분에 전파 속도가 빨라지고 참여 방식도 다양해졌다.

함께 금지한 다른 표현들 • **activists** 활동주의자들, 실천주의자들

Diversity is being invited to the party,
inclusion is being asked to dance.

다양성은 초대받는 것이고,
포용은 함께 춤추는 것이다.

버나 마이어스(변호사이자 넷플릭스 초대 임원)

제3장

inclusion

**금지어가 된
포용성
표현들**

다양성을 키우는
섬세한 손길

포용성inclusion이라는 개념이 본격적으로 힘을 얻기 시작한 시기는 1960년대이다. 이때 민권 운동의 불길이 인종, 성별, 출신 배경이라는 장벽을 차례로 허물어 냈다. 1964년 제정된 민권법은 차별의 벽을 법적으로 무너뜨렸고 이어 1970, 80년대에는 여성, 장애인, 성 소수자 등 다양한 집단의 권리가 차츰 사회 전면에 드러나기 시작했다. 단순한 차별 금지를 넘어서 이들이 존중받으며 적극 참여할 수 있는 길을 모색하는 움직임이 서서히 자리 잡았다.

1990년대와 2000년대에 들어서면서 다양성과 포용성은 기업과 교육 기관, 사회 전반에서 경쟁력과 혁신의 핵심축으로 인식되었다. 기업들은 다채로운 인재를 적극 채용하며 그들이 배경과 아이디어를 자유롭게 펼칠 수 있는 환경을 조성하는 데 힘썼다.

포용적인 문화가 혁신과 생산성을 견인한다는 연구 결과들이 잇따라 나오면서 포용성은 곧 경쟁력 강화의 필수 요소로 자리매김했다. 교육 분야에서도 장애 학생, 이민자, 소수 인종 학생들이 차별 없이 교육 기회를 누릴 수 있도록 법적·제도적 장치가 강화되었고, 커리큘럼에 다양한 문화와 관점을 반영하는 움직임이 활발해졌다. 정부 차원에서는 포용성을 촉진하는 다양한 정책과 법률들이 마련되며 사회 전반에 걸쳐 소수자 권리 신장과 평등한 기회 보장이 강조되었다.

이는 학생들의 경우뿐만 아니라 교수 혹은 연구자 선발에도 똑같이 적용된다. 내가 샌디에이고에서 미국사 교수로 공채되는 전 과정에서 서류 전형과 공개 강의를 포함해서 전공 심사위원들 외에 어퍼머티브 액션Affirmative Action 감독관이 배석해 평가의 공정성을 확인했다. 이는 특히 소수 민족 출신 후보자들에 공평한 기회를 제공하기 위한 조치였다. 당시 캘리포니아는 주법으로 이를 시행했다.

포용성은 다양성diversity과 깊이 맞닿아 있는 개념이다. 다양성은 조직이나 사회 속에 서로 다른 배경과 경험, 인종, 성별, 문화, 그리고 사유가 공존하는 상태를 뜻한다. 이에 비해 포용성은 단순히 그런 다양한 존재들이 함께하는 데 머무르지 않고, 그들이 자신의 목소리를 당당히 내며 존중받고, 적극적으로 참여할 수 있는 토대를 마련하는 것을 의미한다. 다시 말해, 다양성이 '누구를 포함할 것인가'에 관한 문제라면, 포용성은 '그들을 어떻게 대하며 함께 일할 것인가'에 관한 문제라 할 수 있다.

만약 다양성만 존재하고 포용성이 결여된다면 다양한 사람들이 있어도 그들은 쉽게 소외되고 제대로 기여하지 못하는 현실에 머물 수밖에 없다. 다양성이 차이를 인정하는 일이라면, 포용성은 그 차이를 살피고 가꾸는 섬세한 손길이다. 포용성의 손길 없이는 다양성이 자랄 수 없다. 이 둘이 조화롭게 어우러질 때, 조직과 사회는 비로소 생명력을 얻고 한층 건강하며 창의적으로 성장할 수 있다.

그래서 포용성에는 다양성을 '촉진^{foster}'하고 '증진^{enhance}'하며 '확대^{increase}'하는 의미의 단어가 주로 포함된다. 다양성이 존중받고 확대될 때 포용성은 더욱 견고해지기 때문이다.

이러한 포용성의 흐름에 맞서는 트럼프 행정부의 시도는 지금껏 미국이 쌓아 올린 토대를 흔드는 위험한 걸음으로 보인다. 다양성과 포용성 두 기둥을 훼손하는 일은 결국 스스로의 숨통을 조이는 행위가 되지 않을까?

다양성을 증가시키다

increase diversity

increase diversity는 회사, 학교, 단체 등에 서로 다른 배경을 가진 구성원의 수가 많아지도록 비율을 늘리는 것을 의미한다. 다른 인종, 성별, 성적 지향, 장애 여부가 다른 다양한 정체성을 가진 사람들이 조직 안에 더 많이 들어오도록 하는 것이다.

이는 바로 뒤에 나오는 enhance the diversity와 차이가 있다. 둘 다 다양성을 증가시킨다는 뜻을 지니고 있지만, increase diversity는 양적인 증가에 더 초점을 맞춘 표현이고, enhance the diversity는 양적인 증가뿐 아니라 질적인 향상까지 포함하는 의미이다. 즉, increase diversity는 다양성이 쌓여 포용성으로 연결되는 출발점이 된다.

함께 금지한 다른 표현들 • **increase the diversity** 다양성을 증가시키다

다양성을 증진하다

enhance the diversity

NEWS 2025년 7월 8일, 1형 당뇨병을 앓는 바비 인형이 출시되었다. 이 인형은 혈당 측정기와 인슐린 펌프를 착용하였는데, 다운 증후군, 휠체어, 보청기 착용을 한 바비 인형에 이어 새로이 추가되었다. 실제 당뇨병을 관리하는 아이들이 자신의 모습을 긍정적으로 인식할 수 있도록 설계된 것이다.

크게는 국가, 작게는 기업 같은 사회적 집단 안에서 다양한 배경, 성별, 인종, 문화, 관점 등을 더 늘리고 폭넓게 포용하려는 노력을 의미한다.

현대 사회는 세계화와 다원화로 인해 단일한 시각만으로는 현대의 다층 다단하고 복잡한 문제를 해결하기 어렵다. 이제는 다양성이 집단의 역량과 사회적 지속가능성을 높이는 핵심 열쇠가 되었기 때문에 다양한 사람들을 포용하는 것을 넘어 그 다양성이 실제 목소리를 내어 결정에 반영되도록 노력해야 하는 것이다.

이를 위해서 기업이나 정부 기관은 채용 과정의 공정성 강화, 의사 결정 기구의 다양화, 소수자 지원 정책 등을 추진한다. 오바마 행정부는 다양성 증진을 핵심 가치로 삼아 연방 정부 각 부처와 사법부, 고위직에 여성, 유색 인종, 성 소수자 등을 적극 임명했다. 미국 역사상 최초 히스패닉계 대법관이자 세 번째 여성 대법관인 소니아 소토마요르의 임명이 대표적인 예이다. 트럼프 행정부 1기 초에는 오바마 정부의 이런 다양성 정책이 일부 유지되었다. 그러나 점차 보수층 기반 강화와 반이민 정책으로 인해 다양성보다는 보수적 가치의 동질성을 중시하는 인사가 늘어났다.

실제로 트럼프는 2기 임기를 시작한 후 더욱 보수적 색채를 강화하며 연방 대법원과 하급 법원에 보수 성향의 백인 남성을 대거 임명하였다. 이에 따라 연방 정부 고위직 내 여성과 소수자 비율은 오바마 정부 때보다 줄어들었다. 이런 변화로 인해 정부 조직의 대표성이 축소되었다는 평을 받고 있다.

함께 금지한 다른 표현들 • **enhancing diversity** 다양성 증진

올인클루시브

all-inclusive

> **NEWS** 2025년 2월 5일, 구글은 DEI 채용 목표를 철회하고 일부 DEI 프로그램을 재검토하기로 결정했다. 이는 도널드 트럼프 행정 명령과 최근 법원 판결을 준수하기 위한 조치라고 밝혔다.

올인클루시브^{all-inclusive}는 원래 호텔이나 여행업계에서 '숙박, 식사 등 모든 것이 포함된'이라는 의미로 자주 쓰였지만, 사회적 맥락에서는 훨씬 넓은 의미다. 사회에서 올인클루시브란 인종, 성별, 성적 지향, 종교, 경제적 배경, 신체적 능력 등 어떤 차이도 배제하지 않고 모든 사람을 동등하게 받아들이고 참여할 수 있게 하는 것을 뜻한다. 누구도 소외되지 않도록 제도적 장벽을 없애고, 참여 기회를 평등하게 보장하는 포용적 가치관이다. 다양성^{diversity}이 서로 다른 사람들을 포함하는 것이라면, 포용성^{inclusivity}은 그 포함이 실제로 효과적이고 안전하며 존중받는 환경에서 이루어지도록 하는 것이다. 올인클루시브는 '완전한 포용성'을 지향하는 원칙이다.

1950년대까지 미국 남부 주들을 중심으로 흑인과 백인은 학교,

버스, 식당 같은 공공시설에서 철저히 분리되어 생활했다. '분리하되 평등Separate but equal'이라는 1896년 대법원 판례에 기초한 것이었다. 그러나 실제로 흑인들이 다니는 학교와 시설들은 백인들의 시설에 비해 현저히 열악했다. 1954년이 되어서야 대법원은 '분리된 것은 결코 평등할 수 없다'라며 인종 분리 교육을 위헌으로 판결했다. 물론 초기에는 반대하는 사람들의 격렬한 저항에 부딪히는 등 문제가 많았지만, 미국이 법과 정책에서 모두를 포함하는 사회로 나아간 중요한 전환점이 되었다.

구글은 다양성과 포용성을 넘어 소속감belonging까지 포함한 올인클루시브 일터를 목표로 해왔다. 채용 과정에서 소수자, 장애인, 성 소수자가 불이익을 받지 않도록 다양한 배경의 면접관을 두고, 무의식적인 편견에 대한 교육을 실시한다. 직원 리소스 그룹을 운영해 성 소수자, 흑인, 아시아계 등 소수 커뮤니티가 사내에서 서로 지지하고 리더십 개발 기회를 가질 수 있게 한다. 복지 제도에서도 가족 형태와 성 정체성을 고려해 파트너 혜택, 트랜스젠더 의료 지원 등을 제공한다. 다만 최근 구글은 DEI 프로그램을 축소하거나 재검토하고 있다. 트럼프 행정부의 연방 계약사 규제와 최근 법원 판결에 따른 대응으로, 연방법에 저촉될 수 있다는 우려에서 비롯된 것으로 보인다. 호주 시드니의 프라이드 퍼레이드성 소수자 행진 및 축제는 구글이 DEI 철회를 공식 노선으로 삼은 후 후원사 자격을 박탈하고 공식 파트너에서 제외하였다.

사회문화적인

sociocultural

social사회과 cultural문화의 합성어로, 어떤 개인의 사고방식이나 행동을 판단할 때 그 사람의 심리나 성격만 보지 말고 그가 속한 사회 구조가족, 학교, 직장 등와 문화적 배경역사, 언어, 종교, 전통 등을 함께 고려해야 한다는 관점이다.

한 사회에서 통용되는 예의범절은 한 개인의 선호나 선택이 아니라 오랜 시간 그 사회의 문화적 맥락 속에서 형성된 결과이다. 그래서 글로벌 게임 기업들이 새로운 게임을 출시할 때는 국가별 문화를 고려하지 않으면 사용자들에게 불쾌감을 줄 수 있고 이는 매출과 긴밀하게 연관된다는 점을 염두에 둔다. 또한 다국적 기업일 경우, 여러 나라의 사람들을 고용하기 때문에 의사소통 스타일, 업무 방식, 휴일 등을 그에 따라 다르게 할 필요가 생긴다.

소속감을 느끼다

belong

> NEWS 2021년 1월 13일, 넷플릭스는 포용성 렌즈라는 독특한 의사 결정 규범을 공식화했다. 모든 프로젝트, 채용, 콘텐츠 결정에 '누가 포함되어 있는가'와 '누가 빠져 있는가'를 질문하는 전략이 의사 결정의 핵심 도구로 자리 잡았다.

어떤 집단에 소속된 상태를 넘어 정서적으로 안전하고 존중받으며 그 공동체의 일원으로 진정한 자리를 확보했다는 느낌을 의미한다. 이를 소속감이라고 한다.

다양성 diversity 은 서로 다른 배경의 사람들이 모인 것을 뜻하고, 포용성 inclusivity 은 그들이 안전하고 동등하게 참여함을 의미하며, 소속감 belonging 은 그다음 단계로 집단이 나를 진정한 구성원으로 인정하고 나 역시 집단에 의미와 애착을 느끼는 상태를 뜻한다.

요즘 많은 조직이 추구하는 것은 '다양한 인력 확보'나 '차별 없는 운영'을 넘어 모두가 '소속감을 느끼는 문화'다. 소속감이 낮으면 구성원은 위축되고 의견을 숨기며 조직에 머무를 동기가 약해진다. 그러므로 소속감을 높여 인원의 이탈을 막고 창의성과 충성도를 확보하려는 것이다.

넷플릭스는 구성원이 '자기다움'을 숨기지 않고 안전하게 드러낼 수 있을 때 최고의 아이디어가 나온다고 믿기 때문에 15개 이상의 직원 리소스 그룹이 운영되도록 하고 있다. 넷플릭스는 이들에게 별도 예산과 리더십 개발 프로그램을 지원하고, 교류를 넘어 기업 의사 결정에도 목소리를 내도록 보장한다. 또 구성원들이 차별받은 경험이나 포용적 리더십 사례를 나누는 공개 세션을 정기적으로 개최하여 상사와 동료가 이를 경청하는 문화를 만들었다. 리더십 평가에 소속감 항목을 포함하여 성과만큼이나 포용적 분위기를 만드는 리더십을 중요한 평가 기준으로 삼는다.

함께 금지한 다른 표현들 • **sense of belonging** 소속감

앨라이십, 연대

allyship

2021년 웹사전인 딕셔너리닷컴은 연대^{allyship}를 올해의 단어로 선정했다. 연대는 포용성을 강화하는 핵심 원칙으로, 차별과 불평등을 직접 겪는 사회적 약자를 위해 권력을 가진 집단 또는 상대적으로 더 안전한 위치에 있는 개인이 의식적으로 그들의 편에 서고 행동으로 지지하는 것을 뜻한다. 약자를 동정하거나 대신 말해 주는 것이 아니라 그들의 목소리가 더욱 크게 들리게 만드는 지지자 역할을 하는 것이다. 이때 앨라이^{ally}는 소속되지 않은 집단의 권익을 지지하고 목소리를 함께 내는 연대자를 의미한다. 연대자는 스스로 주인공이 되지 않고, 당사자의 경험과 의사를 존중해야 한다.

연대는 '나는 차별에 반대한다'라고 선언하는 것에서 그치지 않고, 차별을 목격했을 때 중재하거나 반대하는 발언을 하여 그 공간에서 약자가 배제되지 않는 분위기를 만드는 행동으로 연결된다. 예를 들면, 사내에서 소수자 직원을 차별하는 발언이 나오면 바로 지적하거나 보고하는 것이 이에 해당한다. 교실에서는 다문화 학생의 언어와 문화를 존중하도록 교사가 학생들을 교육

하는 것을 들 수 있다. 또 비장애인이 장애인 접근성을 확대하는 캠페인에 참여해 장애인들과 함께 목소리를 내는 것도 이에 해당한다.

벤앤제리스Ben&Jerry's는 대표적인 행동하는 기업으로, 2020년 경찰의 과잉 진압으로 사망한 조지 플로이드 사건 이후 '정의 없이는 끝나지 않는다'는 메시지를 내며 상품 판매 수익 가운데 일부를 인종 정의 운동 단체에 기부하였다.

2018년 나이키는 국가 연주 도중 인종 불평등과 경찰 폭력에 항의하는 의미로 무릎을 꿇은 후 미국 프로 미식축구 리그에서 사실상 퇴출당한 콜린 캐퍼닉을 광고 캠페인에 등장시키며 연대 행보를 보였다. 이 광고는 큰 논란에 휩싸였지만 이후 오히려 매출은 상승했고 브랜드에 대한 신뢰는 더욱 강화되었다. 이는 연대가 소비자 신뢰와 브랜드 충성도를 강화할 수 있다는 점을 보여준 대표 사례다.

"Believe in something,
even if it means sacrificing everything."

무언가를 믿어라, 모든 것을 희생해야 하더라도.
- 나이키 30주년 Just Do It 캠페인 슬로건

포용성

inclusion

> **NEWS** 2025년 1월 27일, 트럼프는 '군대의 우수성과 준비성 우선'이라는 제목의 행정 명령 14183에 서명했다. 이는 국방부 장관에게 군 정책 개정을 지시한 것으로, 트랜스젠더의 군 복무 금지 내용이 포함되어 있다.

다양성이 '누가 조직에 속해 있는가?'라면 포용성은 '그들이 조직에서 실제로 받아들여지고 있는가?'에 대한 것이다.

트럼프 행정부는 포용성과 관련된 모든 부분에서 후퇴를 기록하고 있다. 트럼프는 연방 정부 문서와 기관에서 젠더^{gender} 대신 섹스^{sex}를 사용하도록 규정했다. 이에 따라 연방 기관과 교육 기관의 다양성 정책들이 사라졌다. 트랜스젠더의 군 복무가 금지되었고, 학교에서 성전환 학생들을 지원하는 것을 금지하는 조치들이 취해졌다. 채용 분야에서 차별에 대한 대응도 약화되었다. 정부의 민권 보호 기능이 사실상 크게 후퇴한 것이다. 과학 분야와 공공 연구 지원을 삭감하였고, 장애인, 소수 인종, 성 소수자 대상의 연구와 정책 개발 역시 크게 위축되었다.

현재는 법원의 판결이 행정 명령의 일부 효력 정지 또는 차단을 시도하고 있지만, 정부의 역행 추세가 너무나 명백하기 때문에 기업이나 대학, 비영리 기관 같은 민간 영역에서의 대응이 더욱 중요해졌다.

함께 금지한 다른 표현들 • **inclusive** 포용적인, 모두를 포함하는 **inclusiveness** 포용성 **inclusivity** 포용성(더 포괄적인 표현)

포용적 리더십

inclusive leadership

팀 내 다양한 배경 구성원들의 의견을 경청하고 차이를 존중하며 누구도 배제되지 않도록 조직을 운영하는 것을 핵심으로 하는 리더십으로, 최근 조직 문화와 경영 트렌드에서 매우 중요한 키워드로 자리 잡았다.

리더는 회의에서 목소리가 작은 사람의 의견도 무시하지 않고, 승진과 보상을 줄 때 성별이나 국적 같은 무의식적인 차별 요소를 없애려는 노력이 필요하다는 개념이다.

포용성 촉진

 **fostering inclusivity**

포용적 리더십이 리더 개인의 태도라면 fostering inclusivity는 조직이 시스템과 환경을 만드는 행동에 가깝다.

채용과 승진 평가에서 공정성과 다양성을 반영하는 규칙을 만들고, 무의식적인 편견에 관한 워크숍을 열고, 문화 다양성 훈련을 하는 것이 이에 해당한다. 또 모든 목소리를 기록하는 회의 문화를 만들고, 차별이나 배제 경험에 대해 안전하게 말할 수 있는 채널을 제공하는 것이다. 이를 통해 조직 내 심리적 안전성이 증가하면 다양한 배경의 인재들이 더 적극적으로 조직에 기여할 수 있게 된다.

No one is born hating another person
because of the color of his skin.

누구도 피부색 때문에
타인을 미워하도록 태어나지 않았다.

넬슨 만델라

제4장

race & ethnicity

금지어가 된
인종과 민족
표현들

뿌리 깊은 상처이자
반복되는 투쟁

인종과 민족은 미국 역사의 중심축을 이루며 법률 체계와 사회 구조, 그리고 정치적 투쟁 전반에 지대한 영향을 끼쳐 왔다. 미국은 자유와 평등이라는 이상을 내세워 건국되었지만, 그 이상은 노예제와 다양한 인종 및 민족 집단에 대한 체계적인 억압이라는 현실과 맞닿아 있다. 이 깊은 모순은 인종 불평등racial inequality과 인종주의racism를 낳았고, 미국 사회에 끊임없는 갈등을 불러일으켰다.

초기 미국의 인종 제도는 아프리카에서 강제로 이주된 이들을 노예로 삼는 데 그 초점이 맞춰져 있었다. 1650년부터 1860년 사이 수백만 명의 아프리카인이 강제 이주되었으며 그들에 대한 백인의 권리는 법적으로 굳건히 보호받았다. 헌법의 3/5 조항과

도망 노예 조항은 이러한 어두운 체제를 제도적으로 단단히 뒷받침했다.

남북 전쟁 이후 노예제가 폐지되었음에도 불구하고 짐 크로 시대의 제도적 인종 분리는 또 다른 족쇄가 되었다. '분리하지만 평등'이라는 허울 좋은 명분 아래 흑인들은 열악한 공공시설과 지속된 차별에 맞서야 했고, 문맹 테스트와 투표세는 그들의 정치적 참여를 가로막았다.

문맹 테스트는 유권자가 일정 수준의 읽기와 쓰기 능력을 갖추었는지를 평가하는 시험인데, 주로 흑인 유권자들을 대상으로 불공정하게 적용되었다. 시험 내용을 까다롭거나 애매하게 출제해 많은 흑인이 통과하지 못하게 했고, 이로 인해 투표권을 박탈당했다. 투표세는 투표하기 위해 내야 하는 세금으로, 경제적으로 어려운 많은 흑인이 이 세금을 감당하지 못해 사실상 투표가 어려워졌다. 이 두 제도는 인종 차별을 합법화하는 도구로 쓰였다. 그 결과, 흑인들의 정치 참여와 대표성은 심각하게 제한되었고, 백인 우월주의 체제가 유지되는 데 일조했다.

인종적 불평등은 아프리카계 미국인뿐 아니라 원주민, 아시아계, 히스패닉 등 BIPOC$^{\text{Black, Indigenous and People of Color}}$ 커뮤니티 전반에 걸쳐 드러났다. 원주민들은 인디언 강제 이주법과 보호구역 제도로 땅을 잃고, 문화 소멸을 목표로 한 강제 동화 정책에 직면했다. 아시아계는 1882년 중국인 배제법과 2차 세계 대전 중 일본계 강제 수용 등 심각한 차별을 경험했다. 중국인 배제법Chinese Exclusion Act은 미국 역사상 최초로 특정 민족의 이민을 법적으로 금지한 법률로써 중국인 노동자들의 미국 입국을 사실상 전면 차단했고, 이미 미국에 거주하는 중국인들도 시민권을 취득하거나 가족을 초청하는 데 극심한 제약을 받았다. 2차 세계 대전 당시 약 12만 명의 일본계 미국인들은 국가 안보라는 명목으로 강제 수용소에 수용되었다. 이 수용은 명백한 인종 차별 정책이었으며, 일본계 미국인 공동체에 깊은 상처를 남겼다.

또한 히스패닉은 미국의 이민 정책에서 가장 차별받는 민족이다. 1930년대 대공황 때는 멕시코 재입국 캠페인으로 수많은 멕시코계 미국인과 이민자들이 강제로 추방되거나 돌아가도록 압박받았다. 이 과정에서 미국 태생 시민권자들도 잘못 추방되는 일이 벌어졌다. 오늘날에도 히스패닉 이민자들은 불법 이민 단속, 국경 장벽, 가족 분리 같은 정책으로 차별을 받고 있다. 멕시코와 중남미 출신 이민자들은 더 나은 삶을 찾아 미국에 오지만, 법적 불안과 사회적 편견 때문에 여러 어려움을 겪고 있다.

20세기 중반 민권 운동은 미국 인종 차별에 맞선 결정적 전환점이었다. 1964년 민권법과 1965년 투표권법은 인종 차별을 법적으로 금지하고 투표권을 보장했지만, 차별과 불평등은 여전히 미국 사회 곳곳에 남아 있다. 2013년 출범한 BLM 운동은 경찰 폭력과 제도적 인종주의 문제를 전면에 드러냈다. 조사에 따르면, 흑인 미국인들은 법 집행 과정에서 백인보다 훨씬 더 높은 비율로 차별을 경험한다.

인종과 민족 문제는 미국 역사의 뿌리 깊은 상처와 같다. 불평등과 저항은 반복되어 왔고, 그 투쟁은 오늘날에도 여전히 진행 중이다.

트럼프는 역차별이라는 서사를 적극적으로 활용해 소수자 인권과 인종 정의 운동이 백인과 주류 집단에 대한 부당한 대우를 조장한다고 주장했다. 인종 문제에 대한 사회적 대화를 왜곡하고, 근본적인 불평등 문제를 희석하려는 의도가 엿보인다. 이러한 접근법은 인종 문제 논의를 일방적으로 조작하며 사회적 갈등을 심화시키는 결과를 낳는다.

트럼프 행정부가 인종과 민족 관련 용어를 사실상 금지어로 지정한 배경에는 강경한 반이민 정책과 외국인 혐오 조장, 그리고 인종 정의 운동에 대한 노골적인 비판이 자리한다. 특정 용어를 부정적인 색채로 낙인찍음으로써 공론장에서 자유로운 논의를 막는 이 언어 통제는 단순한 용어의 문제가 아니라, 정치적 메시지를 조작하고 지지층을 결집하는 전략적 도구이다.

라틴엑스

Latinx

> **NEWS** 2025년 3월 6일, 워싱턴포스트지에 따르면 텍사스 남부의 라틴계 유권자들이 공화당으로 이동하고 있다는 분석이 나왔다. 그 이유에 대해서는 인플레이션, 일자리 부족 같은 경제 이슈와 가족, 신앙, 애국심 등 전통적 가치의 부상, 그리고 국경 안보와 이민 정책에 대한 지지 때문으로 보고 있다.

라틴엑스는 비교적 최근에 등장한 용어로, 라틴계 사람들을 성별 구분 없이 지칭하기 위한 성 중립적인 표현이다. 스페인어에서 남성을 가리킬 때 라티노^{Latino}, 여성은 라티나^{Latina}라고 하는데, 영어권에서 젠더 바이너리(성별을 남녀로만 나누는 것)에 포함되지 않는 사람들까지 포괄하기 위해 x를 붙여 Latinx라는 표현을 사용하기 시작했다. 보통 라틴계 커뮤니티 전체를 지칭하거나 논문, 언론, 교육 현장에서 성별 구분 없는 언어 사용이 필요할 때 사용한다.

그러나 보수 진영의 정치인들은 이 단어를 좌파의 '과도한 정치적 올바름'의 상징으로 간주하고 스페인어 문법을 거스르는 호칭이라고 비판한다. 사실 2021년 갤럽 조사에 따르면 미국 내 라틴계 인구의 다수는 라티노와 라티나 사용을 더 선호한다고 응답했다. 때문에 스페인어를 사용하는 원어민들은 'Latine' 또는 'Latinu' 같은 대안을 시도하고 있다.

라틴엑스는 아직 사용 빈도가 낮고 낯선 개념으로 받아들여진다. 그래서 보수 성향의 라틴계 유권자들이 라틴엑스와 같은 진보적 언어 변화에 반발하며 트럼프를 지지하고 그에게 투표한 요인이 되었다고 해석하기도 한다.

멕시코만 (1)

Gulf of Mexico (1)

멕시코만은 북아메리카 남동부에 위치한 넓은 만이다. 북쪽으로는 미국 5개 주텍사스, 루이지애나, 미시시피, 앨라배마, 플로리다의 남쪽 해안선에 접해 있고, 남쪽으로는 멕시코의 캄페체, 유카탄, 베라크루스 등 여러 주가 연안에 면해 있으며 남동쪽으로는 쿠바 북부와 접해 있다.

동시에 멕시코만은 미국과 멕시코 연안의 복합적 인종과 문화적 혼합체를 가리키는 상징적 표현이기도 하다. 라틴계, 히스패닉부터 케이준Cajun, 프랑스계 이민자에 뿌리는 둔 집단, 크리올Creole, 원래는 스페인계 이민자 그룹을 의미하였으나 이후 프랑스계, 아프리카계, 아메리카 원주민 그리고 그 혼혈 후손들까지 모두 포함한 문화 집단, 미국 원주민, 아프리카계와 아시아계 인구가 결합된 다양한 정체성이 공존하는 지역이다.

민족, 민족성

ethnicity

에스닉^{ethnic}은 '민족의'라는 의미로, ethnicity는 맥락에 따라 '민족, 민족성, 민족 정체성' 등으로 다양하게 해석된다. 인종^{race}과 다르며 보다 문화적이고 사회적인 개념이다.

역사적으로 보면 이 개념은 권력, 식민주의, 국가 형성, 전쟁, 차별, 저항 등과 깊이 연결되어 있다. 고대에는 민족이라는 개념이 명확하지는 않았지만, 부족^{tribe}, 씨족^{clan}, 언어 공동체 같은 기준으로 구분했다. 고대 그리스에서는 헬레네스^{그리스인}와 바르바로이$^{그 외 민족}$로 나누었다.

민족 정체성은 공통의 문화적 유산, 언어, 출신 지역, 역사적 경험 등을 공유하는 집단의 소속감을 의미한다. 근대 이후 프랑스혁명과 독일 통일 과정에서 '하나의 언어, 문화, 역사, 국민'이라는 민족 개념이 형성되었다. 이는 곧 국가 정체성$^{National\ Identity}$과 연결되어 '국가가 곧 민족'이라는 인식이 퍼졌다. 국민 국가라는 개념이 형성된 것이다.

유럽의 제국주의 국가들은 '인종'과 '민족'을 식민지 통치 도구로 활용했다. 민족 간에 구분을 지어 위계를 만들고 백인 중심의 인종주의를 제도화하였다. 영국령 인도에서는 힌두교, 무슬림, 시크교 등으로 종교와 민족을 분리하여 분열 통치를 하였고, 아프리카에서는 수백 개 부족을 임의로 재편하여 민족 갈등의 씨앗을 만들었다. 그래서 아시아와 아프리카의 탈식민 운동에서 민족 정체성은 저항의 도구가 되었다. 한국 또한 민족주의는 일제의 식민 통치에 저항하는 핵심 정신이었다.

그러나 때로 민족성은 내전, 학살의 원인이 되기도 한다. 유고슬라비아의 경우 세르비아인, 크로아티아인, 보스니아인 간의 민족적 충돌이 일어나 오래 내전을 치렀다. 특히 최근 격화된 이스라엘에 의한 팔레스타인 학살은 민족과 종교, 영토 문제가 얽힌 대표적 사례이다.

현대는 이민과 세계화로 인해 한 명의 개인이 복수의 민족 정체성을 가질 수 있는 시대가 되었다. 이를테면 한국계 미국인이나 홍콩계 한국인 같은 경우다. 이제 민족성은 고정불변의 것이 아니라, 변화 가능하고 선택 가능한 정체성으로 인식되고 있다. 동시에 미국과 유럽 등지에서는 여전히 아시아계 혐오나 무슬림 혐오 같은 민족성에 기반한 차별 문제가 더욱 크게 부각되고 있는 형편이다.

부족의

tribal

> **NEWS** 2025년 1월, 트럼프는 엘크 대 윌킨스 판례를 근거로 원주민의 시민권을 무효화할 수 있다고 주장했다. 또한 에너지 개발 확대를 목적으로 원주민과 관련된 중요 유적지의 지정 면적을 축소했다.

유럽의 식민지 개척 이전 미국 땅에는 수백 개의 원주민 부족들이 각자 고유한 언어, 종교, 자치 체계, 영토를 가지고 있었다. 18~19세기 미국 정부는 원주민 부족과 조약을 맺어 부족들을 독립적인 '국가 비슷한 존재'로 인정했다. 그러나 서부 개척, 토지 강탈, 강제 이주, 동화 정책을 통해 많은 부족이 강제로 영토를 빼앗기고 해체되었다.

20세기 중반이 되어서야 인디언 재조직법, 원주민 자기 결정권 보장 정책 등을 통해 부족 문화의 보존과 자치권 회복이 추진되었다. 현재 미국 내에는 약 570개의 공인된 부족이 존재하며, 이들은 자치 정부와 부족 토지를 운영할 수 있는 제한적 자치권을 가지고 있다.

네이티브 아메리칸

Native American

네이티브 아메리칸아메리카 원주민은 미국에 태생적 뿌리를 둔 원주민을 지칭하는 공식적인 표현이다. 다른 표현으로는 아메리칸 인디언American Indian, 토착 원주민Indigenous Peoples, 퍼스트 네이션First Nations도 사용된다. 그러나 일부 부족은 고유의 부족 명체로키족, 나바호족 등으로 불리는 것을 더 선호하기도 한다.

1492년 콜럼버스의 도착 이후 유럽인의 탐험이 시작되자 미대륙의 원주민들은 천연두 같은 새로운 질병에 노출되었고, 정착하려는 유럽인과의 무력 충돌로 대규모 인구 감소를 겪었다. 유럽 이주 세력은 점차 원주민 부족들의 영토를 빼앗았다. 18~19세기 미국 정부는 부족과 협상을 가장해 조약을 맺어 원주민의 영토를 더욱 줄였다.

1830년에는 인디언 이주법Indian Removal Act을 통과시켜 미시시피강 동쪽에 살던 원주민 부족들을 강제로 서쪽으로 이주시켰다. 이는 백인들이 원주민의 비옥한 농지를 차지하기 위해 요구했던 조치로, 이로 인해 수많은 원주민이 혹독한 추위, 질병, 굶주림, 열악한 위생으로 목숨을 잃었다. 이 과정에서 수천 명이 사망한

체로키족의 경우는 눈물의 길Trail of Tears로 불리며 최악의 비극적인 사건으로 기록되어 있다.

생존한 원주민들은 미국 정부가 지정한 제한된 땅보호구역에 강제로 거주해야 했다. 또 동화 정책의 일환으로 원주민 기숙 학교를 운영하였는데, 이는 원주민 아이들을 가족과 공동체에서 분리하고 영어, 기독교 신앙, 서구식 가치관을 교육하여 원주민 문화를 없애고 미국 사회에 동화시키려는 정책이었다.

1934년 인디언 재조직법Indian Reorganization Act이 만들어지면서 부족의 자치권 일부가 허용되었고, 1960~70년대에는 원주민 권리 운동이 활발해졌다. 원주민 부족 자치권이 확대되었고, 교육과 복지 권한도 부족에 이양되었다. 부족 정부는 제한된 주권과 자치 헌법을 가지게 되었고, 부족 토지는 주 정부와는 별개로 연방 정부 신탁으로 관리할 수 있게 되었다. 고등 교육 기관인 부족 대학을 설립하여 정체성 교육도 하고 있다.

그럼에도 불구하고 원주민 부족의 경제적 자립과 문화 복원은 여전히 해결해야 할 과제로 남아 있다. 부족 정부는 자치권의 하나로 카지노 운영권을 가지고 있는데 많은 부족이 이를 경제 기반으로 삼는다. 송유관 건설과 토지권 소송을 둘러싼 환경 분쟁도 여전하다. 게다가 원주민의 실업과 빈곤 문제, 격차가 큰 교육 환경과 보건 여건도 풀어야 할 숙제이다.

원주민 공동체

indigenous community

어떤 지역에 오래전부터 뿌리내리고 살아온 사람들, 식민화되기 전부터 그 땅에 먼저 거주하고 있던 토착 민족이나 부족 공동체를 의미한다.

미국의 원주민 공동체는 크게 셋으로 나눌 수 있는데 아메리칸 인디언 부족과 알래스카 원주민, 하와이 원주민이다. 아메리칸 인디언 부족은 나바호족, 체로키족, 수족, 아파치족 등 미국 본토에 거주하는 원주민 부족이고, 알래스카 원주민은 이누이트족을 말한다. 하와이 원주민은 폴리네시안 계통의 토착민으로 미국에 합병되기 전까지 고유의 왕국이 있었다.

라틴 아메리카의 나와틀족이나 일본의 아이누족, 호주의 애보리진과 뉴질랜드의 마오리족도 원주민 공동체에 해당된다.

인종

race

인종race이라고 하면 흔히 사람을 피부색, 신체적 특징 등 생물학적 외형에 따라 구분하는 개념으로 보지만 실제로는 과학적 근거보다는 사회 역사적 맥락에서 만들어진 개념이다.

고대나 중세에는 인종이라는 개념이 뚜렷하지 않았다. 언어나 종교, 문화로 구분했을 뿐이다. 그러나 18~19세기 식민주의 시대가 되자 유럽에서는 '과학적 인종주의'가 등장했다. 인류를 외형에 따라 분류하고 그중 백인을 우월한 인종으로 결정한 것이다. 이는 노예제, 식민 지배, 차별 정책을 정당화하는 근거로 작동했다. 20세기가 되면서 인종 차별이 극단으로 치닫기 시작했다. 나치 독일의 유대인 학살이나 남아프리카공화국의 아파르트헤이트 등이 그것이다.

2차 세계 대전 이후 인류학이나 생물학에서는 '인종 구분은 과학적으로 무의미하다'고 말하기 시작했다. 현대의 인종 개념은 생물학적으로는 거의 사라졌다. 인종 간의 유전적 차이도 미미하다. 그러나 사회·정치적인 측면에서 인종은 여전히 차별, 배제, 특권의 기준이 된다. 미국의 흑인, 라틴계, 아시아계 등은 여전히 인종적 고정 관념과 제도적 불평등을 겪고 있다.

함께 금지한 다른 표현들 • **racial** 인종의, 인종 간의

인종과 민족

race and ethnicity

인종과 민족은 종종 혼용되지만 실제로는 의미와 배경이 서로 다르다. 인종race은 주로 신체적인 특징피부색, 머리, 얼굴 등에 따라 구분된다. 외형을 중심으로 한 사회적 분류이다. 민족ethnicity은 문화적 요소언어, 종교, 전통, 역사 등로 구분된다. 공동의 문화와 역사에 기반해 자발적으로 성립하는 경우가 보통이다. 그러나 둘 다 과학적인 근거가 없는 사회적 개념이라는 공통점이 있다. 또한 인종은 상대적으로 고정되지만, 민족성은 개인의 경험과 선택에 따라 복수가 될 수 있고 달라질 수 있다는 차이점이 있다.

그래서 현대 사회에서 인종은 차별과 권력 구조를 이해하는 열쇠가 되기도 한다. 예를 들면 미국의 BLM 운동은 인종에 따른 불평등에서 촉발된 운동이다. 한편 민족성은 한국계 미국인이나 아랍계 프랑스인처럼 개인의 정체성으로 성립하기도 하고 문화적 다양성의 기반이 된다.

인종주의자

racist

> NEWS 2025년 3월 25일, 뉴욕시 퀸스에서 두 명의 백인 남성이 한 건물의 급수탑에 올가미를 걸고 도망가는 장면이 CCTV에 포착되어 NYPD 증오범죄 수사팀이 조사에 착수했다. 올가미는 19~20세기 미국 남부에서 흑인을 대상으로 자행된 린치의 대표적인 도구이다.

인종 간 불평등과 갈등은 미국 정치의 핵심 이슈 가운데 하나다. 미국에서 인종주의racism는 개인의 편견이라는 차원을 넘어선다. 인종을 기반으로 권력과 제도가 만들어낸 불평등 전체를 비판하는 용어이다. 이는 정책, 선거 전략, 사회 운동의 핵심 쟁점이 된다. 누군가를 레이시스트racist라고 부른다면 그가 편견을 가지고 인종 혐오적인 언행을 했다는 것을 지적하는 것이다. 정치적으로는 구조적인 불평등을 방치하거나 옹호한다는 비판을 내포하여 사용하는 경우가 많다. 트럼프의 이민자 비하나 무슬림 미국 여행 금지 주장은 대표적인 인종 차별 발언이다.

함께 금지한 다른 표현들 • **racial diversity** 인종적 다양성 **racial identity** 인종 정체성 **racial inequality** 인종 불평등 **racial justice** 인종 정의, 인종 간의 공정성

인종주의

racism

인종주의racism는 역사적으로 노예 제도, 식민주의, 이민자 차별과 깊은 관련이 있다. 인종 차별은 특정 인종이 다른 인종보다 우월하다고 믿어 부당하게 대우하는 태도나 행동으로, 이는 피부색, 문화, 출신 지역 등을 근거로 차별을 정당화하려는 편견에서 비롯된다.

투표권 제한 전략은 인종주의에 근거한 대표적인 차별 정책이다. 흑인, 히스패닉, 저소득층 등의 거주 지역에 설치하는 투표소 수를 줄여 투표 참여를 어렵게 하고, 신분증을 엄격한 기준으로 요구하거나 등록 절차를 복잡하게 만들어 장벽을 높이는 것이다. 투표 시간을 제한하여 장거리 통근자나 장애가 있는 사람들을 배제하기도 한다.

최근 조지아와 텍사스에서는 이와 관련된 논란이 크게 일어났다. 조지아의 경우, 전통적인 보수 성향의 주였으나 2020년 대선과 2021년 상원 보궐 선거에서 민주당이 승리하였다. 흑인 유권자와 청년층, 도시권의 투표율이 상승한 것이 그 요인으로 분석되자 공화당 주도로 투표 규칙을 강화하는 법안이 통과되었다.

우편 투표 요건이 강화되고 투표소 운영 시간이 제한되었으며 대기하는 줄에 서 있는 유권자들에게 음식이나 물을 나눠 주는 걸 불법화하였다. 긴 대기 줄이 생길 수밖에 없는 흑인 거주 지역에 불리한 법안들이었다.

텍사스도 대도시의 젊은 층과 유색 인종 인구가 증가하면서 빠르게 민주당 표가 증가하자 역시 공화당 주도로 선거 규칙이 강화되었다. 드라이브 스루 투표가 금지되었고, 24시간 투표소가 금지되었다. 또한 정당의 선거 감시인 권한을 강화하였다. 시민단체들은 명백한 투표권 제한 정책이라고 반발하였지만, 공화당은 부정 선거 방지 목적일 뿐이라고 주장하였다. 그 외에도 DEI 정책 강화 주장에 반대하여 역차별$^{\text{reverse racism}}$이라는 프레임으로 반격하며 DEI 폐지나 인종 중립$^{\text{color-blind}}$ 원칙을 주장하기도 한다.

함께 금지한 다른 표현들 • **anti-racism** 반ᄉ인종주의   **antiracist** 반ᄉ인종주의자

흑인, 원주민, 유색 인종

BIPOC

이 표현은 인종 차별과 사회적 불평등을 이야기할 때 많이 사용되는데, POC$^{People\ of\ Color}$에 흑인^{Black}, 원주민^{Indigenous}을 추가한 단어다.

흑인과 원주민이 미국 역사에서 차별의 핵심 대상이었다는 점을 강조하는 의미다. 동시에 인종 간의 차별 경험이 같지 않다는 점을 인식하고, 각 집단 고유의 역사와 현실을 존중하는 의미를 담고 있다. 사회 정의와 포용성에 대한 담론에서 자주 사용되지만, 일부에서는 집단 간 위계가 생긴다거나 지나치게 미국 중심적 용어라는 비판도 있다.

블랙

Black

BIPOC 중에서 흑인블랙은 미국의 구조적 인종 차별의 역사 속에서 가장 오랜 시간, 가장 심각한 억압을 받아 온 집단으로 강조된다. 노예제, 분리 정책, 현대의 경찰 폭력 등 미국 사회의 인종 정의 논의에서 중심적 위치를 차지하며 BIPOC라는 용어에서도 가장 먼저 언급된다.

히스패닉 마이너리티

hispanic minority

히스패닉은 스페인어를 사용하는 나라나 그 문화적 배경을 가진 사람들로, 멕시코, 푸에르토리코, 쿠바, 도미니카공화국, 엘살바도르 등 주로 라틴 아메리카 출신 이민자들이 여기에 해당된다. 마이너리티소수 집단는 인구 비율이 적은 경우를 말하기도 하지만 수적인 소수를 의미하는 것만은 아니고, 차별, 배제, 불평등을 경험하는 사회적 개념의 소수를 의미하는 경우가 많다.

You cannot shake hands
with a clenched fist.
주먹을 쥐고는 악수할 수 없다.
인디라 간디(인도 첫 번째 여성 총리)

제5장

political polarization & the culture wars

금지어가 된
정치적 양극화와 문화 전쟁
표현들

합의와 공존을 위해 극복해야 할 과제

미국에서 정치적 양극화는 단순한 의견 차이를 넘어 국가의 근간을 흔드는 심각한 문제로 자리 잡았다. 급변하는 미디어 환경과 정치적 사건들이 겹치며 양극화가 급속도로 심화되고 있다. 미디어와 소셜 네트워크는 사람들로 하여금 자신과 비슷한 의견만 접하게 만들었고, 이 과정에서 확증 편향confirmation bias이 강해지며 서로 다른 정치적 입장 간 소통은 점점 어려워졌다. 예를 들어, 코로나19 팬데믹 시기에는 인터넷에 떠도는 백신 부작용 영상이나 소셜 미디어에 공유되는 불확실한 기사들이 확산되며, 정부와 공식 기관이 권장하는 백신 접종을 '정부나 제약 회사의 조작'으로 의심하는 분위기가 형성되었다. 이런 환경은 단순한 정보 차이를 넘어서, 사람들 사이에 깊은 불신과 분열을 낳아 정치적 양극화를 더욱 심화시키는 계기가 되었다.

양극화polarization는 단순한 정책 차이를 넘어 심리적 메커니즘과 미디어 환경이 복합적으로 작용하며 사회적 분열을 키운다. 선입견prejudice과 고정 관념stereotype은 상대 진영을 왜곡된 시각으로 바라보게 만들고, 무의식적 편견unconscious bias은 적대감과 불신을 키워 사회적 연대와 협력을 가로막는다. 팬데믹 시기 미국에서는 마스크 착용 문제조차 정치 성향에 따라 갈리는 현상이 두드러졌다. 진보 성향의 사람들은 마스크 착용을 공중 보건을 위한 필수 조치로 받아들인 반면, 보수 성향의 일부는 이를 개인의 자유 침해로 간주하며 거부했다. 이처럼 한 사회 내에서조차 기본적인 방역 수칙에 대한 인식이 정치적 색깔에 따라 완전히 나뉘면서, 양극화는 사람들 간의 신뢰를 무너뜨리고 공동의 문제 해결을 어렵게 만들었다.

한편, 정치적 양극화와 종종 혼동되는 문화 전쟁은 본질적으로 다르다. 양극화가 주로 정책과 이념의 대립에 집중된다면, 문화 전쟁은 인종, 성별, 종교, 자유 등 사회적·문화적 가치와 정체성 문제에서 벌어지는 갈등이다. 미국은 다양한 인종과 종교, 이념이 섞인 사회이기에 문화 전쟁은 늘 존재해 왔다. 노예 제도, 남북 전쟁, 여성 참정권, 시민권 운동부터 성 소수자 권리와 이민 문제에 이르기까지 끊임없이 문화적 충돌이 이어졌다.

정치적 양극화가 도덕적 가치에 깊이 뿌리내리면 각 진영은 상대방을 단순한 정치적 반대자가 아닌 도덕적 적으로 인식하게 된다. 이로 인해 대화와 타협의 가능성은 급격히 줄어들고, 사회 전반에 걸쳐 분열과 불신이 심화된다. 특히 미디어와 소셜 네트워크가 이러한 감정을 증폭시키면서 사실과 의견의 경계가 모호해지고, 서로 다른 진영 간의 이해는 더욱 어려워진다. 결국 민주주의의 기본 원칙인 합의와 공존은 뒷전으로 밀려나고, 사회적 갈등은 일상화되는 악순환에 빠지게 된다.

'문화 전쟁'이라는 용어가 대중적으로 쓰인 건 1980년 선거에서 레이건이 '미국을 다시 위대하게 만들자Let's Make America Great Again'라는 슬로건을 앞세워 보수적 가치에 대한 재무장을 외치면서였다. 이후 보수와 진보 집단 간에 교육, 성, 종교, 인종 같은 이슈를 둘러싼 갈등이 정치적으로도 부각되면서 미국 사회 내 문화적 분열이 더욱 뚜렷해졌다. 2016년 도널드 트럼프가 레이건의 슬로건을 차용하면서 다시금 이 문화 전쟁에 불을 붙였다.

격차

disparity

> NEWS 트럼프 감세법으로 알려진 TCJA Tax Cuts and Jobs Act 는 최상위 고소득자의 세율을 낮추고 법인세를 인하했으며 사업 소득에 대한 20% 감면 혜택을 제공한다. 이 법은 2025년 더 확장되었다. 이로 인해 최상위 0.1%가 가장 큰 이익을 본다는 비판이 나오고 있다.

서로 대립하는 정치 집단 간에 뚜렷한 차이나 불평등이 생기면 이로 인해 종종 의견이 극단화되고, 의사 결정 과정에서도 대표성이 불균형해진다. 이는 경제적 부, 교육 수준, 미디어 영향력의 차이로 인해 더 심화된다. 그 결과 공통점을 찾거나 합의를 도출하기 더욱 어려워진다. 한국도 수도권과 비수도권의 소득과 일자리, 그리고 여러 인프라의 격차가 극심해졌다. 이런 격차는 경제적 불균형을 넘어 사회적 양극화로 발전하며 국가적인 갈등의 불씨가 되고 있다. 수도권에 집중된 자원과 기회는 비수도권 주민들에게 상대적 박탈감을 안겨 주고, 정치적 분열을 심화시키는 원인으로 작용한다. 이처럼 지역 간 격차는 단순한 경제 문제가 아니라 사회 전반의 통합과 발전을 저해하는 심각한 도전이다.

스테레오 타입

stereotype

스테레오 타입^{고정 관념}은 실제로는 다양한 차이가 있음에도 불구하고 몇 가지 특징을 단순화하거나 일반화하여 고정된 이미지로 인식하는 것을 말한다. 고정 관념은 한 번 만들어지면 쉽게 바뀌지 않고, 반복적으로 재생산되기 때문에 편견과 차별의 원인이 된다.

대중 매체는 자칫하면 아주 쉽게 고정 관념을 강화하는 역할을 한다. 예를 들면 '특정 인종은 원래 게으르다', '어느 나라 사람은 믿을 수 없다' 같은 왜곡된 이미지가 영화나 드라마를 통해 강화될 수 있다.

이런 고정 관념은 정치적으로 선거 전략에 활용되기도 한다. 특정 지역이나 계층에 대한 '어떤 이미지'를 만들어 내어 지지층을 결집하는 데 이용하거나 반대 진영을 공격하는 것이다. 이런 일들은 집단 내의 불신과 사회적 양극화를 부추긴다.

학교나 직장에서도 마찬가지다. '여성은 공학 분야에 적합하지 않다'고 하거나 '나이가 어린 사람은 미숙하다'고 가정하는 것이 바로 고정 관념이다.

구조적인

systemic

어떤 현상이 개인에 국한된 것이 아니라 사회의 시스템system에 뿌리내려 있는 것을 의미한다. 이때 구조적인systemic 문제는 불평등, 차별, 부당함이 법, 제도, 문화 등 사회를 작동하는 기본 원리에 이미 내재해 있어 반복적으로 발생하게 되는 것들이다. 예를 들면 문화적으로 당연시되는 관행에서 나타나는 성차별이나 저소득층이 개인의 능력과 의지만으론 가난한 상태에서 벗어날 수 없는 구조적 빈곤을 들 수 있다. 이와 연결해 생각해 볼 단어로 structural이 있다. 마찬가지로 '구조적인'이지만, 법이나 규칙이 설계가 잘못되어 격차와 차별을 만드는 것을 뜻한다. 이를테면 부자에게 더 유리한 세금법미국에서 주식, 부동산으로 인한 자본이득에 대한 세율은 최고 20%인데, 근로소득세는 최고 37%이기 때문에 자본소득이 주요 수입원인 초고소득자들은 오히려 낮은 세율의 혜택을 받는다. 워런 버핏은 '자신의 세율이 자기 비서가 내는 세율보다 낮다'고 말했다이나 이스라엘의 시민권법팔레스타인 배우자에게는 시민권 부여를 제한한다 등이 있다.

함께 금지한 다른 표현들 ∷ **systemically** 구조적으로, 체계적으로

무의식적 편견

unconscious bias

[NEWS] 2025년 7월, 뉴욕주 나소 카운티의 경찰 4명이 경찰국을 상대로 인종 차별 소송을 제기했다. 경찰의 청결 관리면도에 대한 정책이 흑인과 프에르토리코계에게 불리하게 작용한다는 것이다. 정책 자체는 중립적이지만 인종적 특성을 고려하지 않아 현장 업무에서 제외되었고 승진 기회가 제한되는 등 사실상의 차별을 초래하였다고 주장하였다.

사람이 스스로 인식하지 못한 채 지니고 있는 선입견, 고정 관념을 뜻한다. 개인의 의도와 무관하게 경험, 사회적 학습, 문화적 환경 등을 통해 형성된다. 스스로는 중립적이라고 생각하지만 실제 행동이나 판단에 무의식적으로 왜곡이 있을 수 있다.
교사가 수학은 남학생이 더 잘할 것이라고 지레짐작하는 것이나, 여성은 엄살이 심하다고 생각하는 의사가 동일한 증상인데도 여성의 통증 호소를 덜 심각하게 여기는 경향 같은 것들이다. 이런 무의식적 편견은 사회적인 차별과 불평등을 알게 모르게 유지하고 강화한다.

암묵적인 편견

implicit bias

이 표현 역시 개인이 인지하지 못한 상태에서 작동하는 숨겨진 선입견을 뜻한다. 앞서 나온 unconscious bias와 비슷한 맥락으로 쓰이지만 implicit bias는 사람의 마음에 내재한 연상 네트워크를 강조할 때 더 자주 사용한다. 다른 인종보다 흑인을 범죄와 더 빨리 연결해서 연상하거나 나이가 들면 최신 기술을 따라가지 못한다고 가정해서 노인이 유튜브나 인터넷을 잘 쓰지 못할 것이라고 생각하는 경우다.

불의

injustice

이 단어는 일상에서 일어나는 개인적인 상황에서보다 사회 제도적인 문제와 연결될 때 더 자주 쓰인다. 같은 범죄라도 인종에 따라 형량이 다르게 선고되거나 여성이라는 이유로 동일 노동에 대해 더 낮은 임금을 받는 것, 빈곤 지역에서 더 질 낮은 교육을 받게 되는 것, 돈이 많으면 유능한 변호인을 사서 무죄를 받지만 가난하면 제대로 방어할 기회조차 얻지 못하는 것 같은 일들은 사회 전반에 뿌리내린 구조적 불의injustice의 예이다.

역사적으로 보면 식민지 지배나 노예 제도는 집단 간 발생한 명백한 불의이다. 특정 지역만 계속해서 공장으로 인한 대기 오염이나 쓰레기 매립 같은 환경 피해를 떠안는 현상도 부당함에 해당한다.

분리

segregation

특정 집단을 다른 집단과 의도적으로 분리segregation하는 행위는 인종 차별적 맥락에서 가장 많이 사용된다. 앞에서 언급된 짐 크로 법이 대표적인 예이다. 흑인과 백인이 학교, 식당, 버스, 화장실 등을 철저히 따로 이용하게 하면서 '분리하되 평등하게'라는 논리로 차별을 합리화하였던 미국의 어두운 역사이다.

남아프리카공화국에서 1948년에서 1994년까지 시행된 아파르트헤이트Apartheid 정책 역시 정부에 의한 공식적인 인종 차별 정책이다. 백인, 흑인, 유색 인종을 철저히 구분하여 흑인의 정치 참여, 주거의 자유, 교육받을 권리, 이동할 권리까지 제한하였다. 국제 사회의 압박과 국내의 끈질긴 저항이 이어졌고, 1994년 넬슨 만델라의 집권 후에야 폐지되었다.

선입견

prejudice

judice^{판단} 앞에 pre-^{앞서}라는 접두어를 붙여 사실을 보기 전에 이미 마음속에서 결론을 내린 것을 뜻하며 보통 부정적 뉘앙스를 가진다. 어떤 사람이나 집단에 대해 사실을 충분히 알지 못한 상태에서 미리 부정적이거나 왜곡된 판단을 내리는 것으로, 개인의 경험이나 객관적인 정보보다는 고정 관념, 감정, 사회 통념 등에 의해 정해진다. 가정, 학교, 미디어, 문화에서 반복적으로 주입된 이미지나 이야기 때문에 만들어지는 경우가 많다.

아시아인들은 수학을 잘한다거나 무슬림은 폭력적일 것이라는 오해, 여성은 감정적이고 논리적이지 못하고 남성은 이성적이고 논리적일 것이라는 믿음이 이에 해당한다.

이런 편견은 집단 간 차별이나 배제의 근거가 된다. 더하여 접하지 않은 낯선 것에 대한 두려움은 편견을 강화한다. 게다가 이미 가지고 있는 믿음을 뒷받침하는 정보만 선택적으로 받아들이는 확증 편향도 선입견을 강화하는 큰 원인이 된다.

양극화

polarization

의견, 가치관, 이념 등이 점점 극단적인 양 끝으로 갈라지는 현상을 뜻한다. 정치 분야에서 많이 쓰이며 주로 중간 지대 없이 대립하는 상태를 말한다. 정치적 양극화가 심해지면 사람들은 중도적 입장을 취하지 않고 한쪽 진영에 완전히 속하게 된다. 그리고 다른 입장을 가진 사람이나 집단을 적대시하고 타협을 거부하는 경향이 강해진다. 건강한 토론이 사라지고 내 편과 네 편으로 나누는 대결 구도가 고착된다. 심화 되면 극단주의 radicalization로 빠지게 되기도 한다.

미국의 경우도 민주당과 공화당의 사이가 점점 더 극단으로 치우쳐 중도파가 사라지고 있다. 온라인 댓글이나 커뮤니티에서 상대 진영에 대한 혐오 발언 역시 크게 증가하였다. 자기 생각과 맞는 정보를 제공하는 편향된 SNS 매체와 뉴스만 골라 보며 기존 생각을 더 강화하는 에코 체임버 echo chamber 현상으로 이러한 상황은 더욱 악화되고 있다.

제도적인

institutional

> **NEWS** 2023년 1월 7일, 테네시주 멤피스에서 경찰이 과속 의혹으로 타이르 니콜스의 차량을 단속하였다. 경찰이 내리라고 하자 니콜스는 달아났고 체포되는 과정에서 신체적인 폭력이 가해졌다. 약 3일 후 니콜스는 뇌출혈과 외상 진단을 받은 후 사망하였다. 이에 관련된 경찰관들이 모두 해고되고 진상 조사를 착수하였으나 2025년 5월 7일, 관련된 3명에게 무죄 평결을 내려져 '정의의 참담한 실패'라며 공분을 사고 있다.

앞에 나온 systemic구조적인의 범위가 사회 전반을 가리킨다면, institutional이 가리키는 구조는 보다 구체적인 조직이나 기관의 내부 규칙, 제도를 범주로 하는 표현이다.

예를 들면 교통경찰이 흑인을 더 자주 검문한다거나 기업에서 같은 경력의 여성보다 남성을 더 먼저 승진시키는 관행 같은 것들이다. 이런 제도들은 공정한 이유가 있는 것처럼 보이지만 실제로는 특정 집단에 불리한 구조로 고착되어 내려오는 것이다. 제도 자체에 차별적 요소가 포함된 것이다. 이럴 경우 개인의 악의나 의도적 차별이 없어도 제도가 차별을 지속시키게 된다.

정치적 올바름

political correctness

> **NEWS** 2025년 7월, 트럼프 대통령은 '정치적 올바름이 너무 지나쳤다'며 NFL 워싱턴 커맨더스와 MLB 클리블랜드 가디언스의 팀명 변경을 강하게 비판했다. 그는 원래 이름인 레드스킨즈, 인디언스로 복귀해야 한다고 요구하며 건축 허가를 거부하겠다며 압박을 가했다.

정치적 올바름, 줄여서 PC political correctness라고 말한다. 개인이나 집단이 차별, 모욕을 느끼지 않도록 언어와 행동을 신중히 하는 태도를 뜻한다. 특정 인종, 성별, 성적 지향, 장애 등과 관련해 불쾌하거나 편견을 조장할 수 있는 표현을 피하고 포용적이고 중립적인 언어를 쓰자는 것이다. 예를 들면, 흑인을 표현할 때 니그로 negro 대신 아프리칸 아메리칸 African American, 남성형인 체어맨 chairman, 의장 대신 성 중립적 표현인 체어퍼슨 chairperson을 쓰는 것이다. 불구 대신 장애인으로, 불법 체류자 대신 미등록 이주민으로 표현하는 것도 이에 해당된다. 그러나 일부에서는 정치적 올바름이 지나쳐 자유로운 표현과 토론을 억압한다고 주장하며 '과도한 검열 문화'라고 비판하고 있다.

혐오 발언

hate speech

> **NEWS** 2025년 1월, 메타는 혐오 표현 허용 범위 확대 정책을 발표했다. 같은 해 6월, X(옛 트위터)는 플랫폼이 혐오 발언, 허위 정보 등에 대한 콘텐츠 조치 내역을 주기적으로 보고해야 하는 뉴욕주 새 법에 대해 소송을 제기했다. X는 '편집권 침해'라 주장하며 헌법상 표현의 자유를 근거로 법 집행 무효를 신청 중이다.

특정 정체성을 가진 집단을 대상으로 모욕하거나 위협하고, 차별이나 폭력을 부추기는 말과 표현을 가리킨다.

역사적으로 보면 독일에서 히틀러와 나치 정권은 유대인을 '기생충'이나 '국가의 적'으로 묘사하며 증오심을 퍼뜨렸다. 이런 표현은 홀로코스트(유대인 대학살)를 정당화하는 데 이용되었다. 1994년 르완다에서는 방송에서 투치족을 '바퀴벌레'라고 부르며 후투족을 선동했고, 약 80만 명이 사망한 대학살의 촉매가 되었다. 미국에서는 남북 전쟁 이후, 남부에서 흑인을 '하등 인종'으로 묘사하는 표현과 풍자가 만연했는데, 이는 인종 분리 정책을 정당화하는 데 쓰였고, KKK 등 백인 우월주의 집단이 폭력과 린치를 행사했다.

현대에는 이 전장이 인터넷으로 옮겨왔다. 오늘날의 혐오 발언은 SNS, 유튜브, 댓글 등 온라인 공간에서 빠르게 퍼진다. 이민자, 성 소수자, 무슬림, 화교 등의 소수자 집단이 실질적인 위협과 정신적 고통을 겪고 있다. 일부 정치인이나 언론, 단체는 대중의 분노를 자극하려고 일부러 혐오 표현을 사용한다. 이는 사회적 분열을 일으키고, 궁극적으로는 민주주의를 위협하기도 한다.

그래서 유럽의 국가들은 혐오 표현을 불법화하고 있고, 유엔도 이를 인권 침해로 규정하고 있다. 하지만 미국은 표현의 자유$^{First\ Amendment}$를 중요시하여 법적 규제가 느슨해 '표현의 자유 vs 혐오 표현 규제' 논쟁이 계속되고 있다.

지위

status

일반적으로 지위^{status}는 신분, 사회적 위치를 뜻하는데, 누가 사회 안에서 어느 정도의 권력, 존중, 경제적이나 문화적인 위치에 있는지를 나타낸다. 즉, 자신이 속한 집단^{계층, 인종, 지역, 문화}이 사회 속에서 얼마나 존중받고 있다고 느끼는가와 관련 있다.

정치적 양극화가 심해지는 이유 중 하나는 지위 불안^{status anxiety}이라는 심리 때문이다. 자신이 전통적으로 누리고 있던 지위가 약화된다고 느끼는 집단은 그에 따른 불안과 불만을 정치적으로 표출한다. 예를 들면 미국의 백인 집단이 '이민자나 다른 소수 집단 때문에 우리 자리가 위협받고 있다'고 느껴서 정치적으로 보수를 넘어 우익 성향이 강한 의사 표현을 하는 경우가 이에 해당한다.

특권

privilege

여기서 특권privilege은 어떤 개인이나 집단이 태어날 때부터 혹은 사회 구조 덕에 자동으로 갖게 되는 이점이나 혜택을 뜻한다. 노력으로 획득한 것이 아니라 사회가 자동으로 보장해 주는 '보이지 않는 이득'이다.

백인은 경찰의 검문에서 의심받을 확률이 낮고, 미디어에서도 정의롭거나 긍정적으로 묘사되는 경향이 높다. 직장에서 남성은 육아를 이유로 경력이 단절될 걱정을 하지 않는다. 이성애자는 거리에서 연인과 손을 잡아도 사회적으로 눈총을 받지 않는다.

이렇게 주로 인종, 성별, 성적 지향, 계급, 국적, 건강 상태에 따라 사회적으로 당연시되는 권리에 차이가 난다. 그러나 가진 사람은 대체로 이를 특권으로 인식하지 못하고 당연한 상태로 여긴다.

확증 편향

confirmation bias

NEWS 2025년 4월, 일본 요코하마에서 열린 CHI 인간 컴퓨터 상호 작용 학회에서 인지 노력이 적고 정치적 신념이 강하며 정서적으로 강한 이슈를 가진 사람은 확증 편향에 더 많이 노출되는 경향이 있다는 연구가 발표되었다. 이 연구는 콘텐츠 소비 환경 디자인 시 확증 편향을 완화할 수 있는 미디어 리터러시 전략과 알고리즘 차원의 개입 필요성을 강조하였다.

확증 편향confirmation bias은 사람이 어떤 믿음이나 생각을 가지고 있을 때, 자기 생각을 뒷받침하는 정보만 선택적으로 받아들이고, 반대되는 정보는 무시하거나 축소하는 인지적 경향을 뜻한다. 이미 가진 믿음을 컨펌confirm, 확인하기 위해 정보와 사실을 왜곡해서 해석하는 심리적 습관이다.

뉴스, SNS, 온라인 공간에서 특히 두드러지는데, 자신이 지지하는 정치인의 부정적 뉴스는 가짜라고 믿고, 긍정적 뉴스만 공유하는 것이 예이다. 극단적인 경우, 음모론자들은 우연히 일어난 사건도 자기 믿음을 강화하는 쪽으로 꿰맞추며 증거라고 해석하게 된다.

Feminism is the radical notion
that women are people.
페미니즘은 여성이 사람이라는
급진적인 생각이다.

마리 쉬어(작가)

제6장

women & gender inequality

금지어가 된
여성과 젠더 불평등
표현들

사회 전체의 건강한 발전을 위한 필수 조건

미국은 20세기 초 비교적 이른 시기에 여성 참정권을 부여한 국가 중 하나다. 1920년 19차 수정 헌법이 통과되면서 여성에게 투표권이 보장되었고, 이는 세계 여러 나라 중에서도 선도적인 조치였다. 1960년대 민권 운동과 함께 여성 해방 운동이 활발해지면서 여성 권리 신장은 한층 가속화되었다. 물론 보수적인 벽이 여기저기서 버텼다. 변화를 쉽게 받아들이지 않는 사람들이 있었고, 그들은 때때로 여성 권리 확대를 막아섰다. 하지만 미국 사회는 천천히, 그러나 꾸준히 여성의 권리를 품어 안았다.

미국의 여성 정책은 오랜 시간 사회적 변화와 함께 발전해 왔다. 페미니즘feminism은 이러한 정책의 핵심 이념으로, 여성과 젠더 소수자들의 권리 신장과 평등 실현을 목표로 한다. 특히 '생물학적 여성biological female'이라는 생물학적 성별 개념과 '젠더gender'라는 사회적 성별 개념이 혼재하는 현실 속에서 정책은 점점 더 복잡하고 다채로운 정체성을 받아들이는 쪽으로 나아갔다.

여성의 건강과 권리에 관한 정책도 중요한 부분을 차지한다. '수유하는 사람들breastfeed+people' 관련 법안은 모유 수유 권리를 보장하며 직장 내에서도 수유할 수 있도록 하는 지원 확대를 촉구한다. 이는 여성을 포함한 수유를 하는 사람들이 제약 없이 사회적 역할을 수행할 수 있도록 돕는다.

2012년 7월, 대만 국립고궁박물관 전시실 바깥 벤치에서 수유하던 사람이 보기 흉하다는 이유로 쫓겨난 사건이 있었다. 대만 정부는 이를 2010년부터 시행한 공공장소 수유법 위반으로 보고 벌금을 부과했다. 대만 외에도 많은 나라에서 공공 수유 권리를 법으로 보장하고 있다. 미국의 경우에는 연방에 직접적인 공공 수유 권리법은 없지만 각 주에서 입법하여 모든 주에서 공공장소의 수유를 합법으로 인정하고 있다.

더불어 '자궁을 가진 사람들people+uterus'이라는 표현이 생겨난 것도 그 경계가 얼마나 유동적인지 보여준다. 기존에는 자궁=여성이라는 등식이 당연하게 여겨졌다. 하지만 이제는 '여성'이라는 정체성과 '자궁'이라는 신체 기관이 다를 수 있다는 의식이 중요해지고 있다. 이건 단순히 여성 문제를 넘어서 생식 건강과 낙태권 논쟁까지 연결되는 이야기다. 예를 들어, 트랜스 남성 중에는 자궁이 있지만 자신을 여성으로 여기지 않는 사람들이 있고, 이런 경우 생식 건강 관리나 낙태권 문제가 더 복잡해진다. 이런 사례들은 단순히 여성 문제를 넘어서 법과 의료 시스템이 다양한 정체성을 어떻게 포용할지 고민하게 만든다.

하지만 현실은 여전히 무겁다. '성별 기반 폭력gender based violence'은 여성과 성 소수자들을 가만히 두지 않는다. 피해자를 보호하고, 가해자를 단호히 처벌하며, 예방 교육을 강화하는 일이 긴급한 과제로 남아 있다. 인종, 경제적 배경, 성적 지향에 따라 더 취약해지는 여성women and underrepresented들을 위한 맞춤형 정책도 꾸준히 늘어난다. 이는 단지 '약자를 돕는 일'이 아니라 사회 전체의 건강한 발전을 위한 필수 조건이다. 미국의 여성 정책은 단순히 여성의 권리 문제가 아니라 다양성과 성평등을 인정하는 사회를 향한 노력이다.

이번에 트럼프 행정부에서 여성 정책 관련하여 사라진 단어들을 살펴보면 생식 활동과 관련된 단어들이 주를 이룬다. 수유하고, 임신하고, 아이를 낳을 자궁이 있는 사람들에 대한 단어 가운데서도 이분법적인 성별 구분이 아닌 표현들이 사라지고 있다. 트럼프 행정부가 이 단어들을 지워 나가는 행동은 그동안 쌓아온 역사의 진보를 거꾸로 돌리는 행위로 보인다. 이런 후퇴는 결국 사회가 걸어온 길을 다시 되돌아보게 만들 것이다.

수유하는 사람

breastfeed + person/people
chestfeed + person/people

> **NEWS** 2025년 1월, 앨라배마 법원에 배심원으로 소환된 캔더스 브라운은 3개월 된 아기와 함께 참석했다. 모유 수유 중이라 참석이 어렵다고 면제를 요청했지만 법원에서는 유축을 하거나 아기를 데려오지 말라고 압박하였다. 이 일이 여론에 알려지자 앨라배마 대법원은 모유 수유 중인 여성들의 배심 의무 면제 조치를 행정 명령으로 내렸다.

breastfeed person/people은 가슴^{breast}으로 수유^{feed}하는 사람이라는 표현으로, 전통적으로 사용해 왔으며 일반적으로 여성$^{특히\ 시스젠더\ 여성}$이 아기를 수유할 때 사용한다.

chestfeed person/people은 보다 중립적 표현이다. breastfeed와 chestfeed가 모두 '가슴 수유'라는 뜻이지만 chest보다 breast라는 단어가 여성성을 강하게 포함하고 있기 때문에 트랜스 남성, 논바이너리, 또는 여성이라는 정체성을 사용하지 않는 사람들은 chestfeed라는 표현을 선호한다.

젠더를 기반으로 한 폭력

GBV gender based violence

GBV는 젠더를 기반으로 하는 폭력gender based violence의 약자로, 특히 여성을 대상으로 하는 폭력을 가리킨다.

1994년 미국은 가정 폭력, 성폭력, 데이트 폭력, 스토킹에 대응하기 위한 법Violence Against Women Act, VAWA을 제정하였다. 2022년 바이든 정부에서는 온라인 괴롭힘과 학대에 대한 대응을 강화하여 VAWA를 재승인하였다. 2023년 발표된 '미국 성별 기반 폭력 끝내기 국가 행동 계획'은 예방, 중재, 대응, 사법적 책임까지 아우르고 있다. 2024년에는 사이버 스토킹이나 불법 촬영 온라인 유포에 대한 대응 지원 센터를 설립하였다.

그러나 트럼프 2기 행정부에서는 여성과 성 소수자를 보호하는 프로그램의 예산을 삭감하고, 청소년의 젠더 확정 의료 지원도 중단하였다. 뿐만 아니라 포괄적 성 중립성을 지향하던 기존의 방향성에도 제동을 걸어 전통적 생물학적 성별 중심으로 복귀하는 분위기가 강해지고 있다.

생물학적 여성, 생물학적 남성

biologically + female/male

> NEWS 2025년 4월, 텍사스주 법무장관이 미국 마스터즈 수영 연맹 USMS을 상대로 소송을 제기했다. 트랜스 여성인 아나 칼데스가 여성 부문에 출전한 것을 문제 삼은 것이다. 아나 칼데스는 여성 45~49세 부문에서 금메달 5개를 획득했는데, 경기 후 참가자들은 칼데스가 트랜스젠더임을 몰랐고 이는 기만이라고 주장했다. USMS은 정책을 개정하였으나 애매하게 안내했다는 이유로 피소되었다.

생물학적 여성, 생물학적 남성이라는 표현은 20세기 초 과학, 의학 분야에서 성별을 구분하는 개념으로 자리 잡았다. 이때는 염색체, 생식 기관, 호르몬 같은 신체 특성이 여성과 남성을 구별한다고 여겼고, 이를 근거로 성격, 능력, 사회적 역할까지 규정하는 생물학적 결정론이 지배했다. 당시에는 성별이 '자연의 사실'로 받아들여졌고, 사회적 성^{gender}과 생물학적 성^{sex}의 구분이 거의 존재하지 않았다.

그러나 1960년대 들어서면서 다양한 분야의 연구가 발달함에 따라 '여성은 태어나는 것이 아니라 만들어진다'는 시몬 드 보부아

르의 말처럼 젠더는 사회문화적으로 구성된 개념이라는 인식이 퍼졌다. 1990년대 이후 퀴어 이론과 트랜스젠더 담론이 본격화되면서 성별이라는 개념도 고정된 것이 아니라 수행되는 것이라는 주장이 제기되었다. 과학계에서도 인터섹스 등 성별의 스펙트럼을 인정하기 시작하면서 이 단순한 이분법에 대한 의문이 제기되었다.

이러한 흐름 속에서 생물학적 여성, 생물학적 남성이라는 표현은 점점 더 논쟁적인 용어가 되었다. 트랜스젠더나 논바이너리의 정체성을 지우거나 고정된 성 개념을 강화할 수 있다는 비판이 제기되며 assigned male, female at birth 같은 표현이 등장했다.

여성과 소외된 (집단)

women and underrepresented

레프리젠트represent는 '대표하다'라는 뜻인데 앞에 언더under가 붙어 '불충분하게 대표되다'라는 뜻이 되어 버린다. 여성women은 역사적으로 남성 중심의 구조로 인해 불이익을 받아온 집단으로 간주된다. 비록 일부 국가에서 법적 평등은 성취되었지만, 여전히 여성은 고위직 비율이 낮고, 동일 노동에 대한 임금 격차, 돌봄 노동 집중, 젠더 기반 폭력 등 구조적 불평등에 직면해 있다.

불충분하게 대표되는underrepresented 집단은 대표성이 낮은 소외된 집단이라고 할 수 있다. 이를테면 아직도 STEM과학Science, 기술Technology, 공학Engineering, 수학Mathematics 분야에서 흑인 여성이나 트랜스젠더, 저소득층은 명백한 소수이자 구조적으로 배제된 집단이다. 단지 숫자가 적다는 뜻이 아니라 제도나 문화적인 구조가 이들의 진입과 참여를 막고 있다는 뜻이다.

그래서 이 표현은 단순한 집단 분류가 아니라 권력 구조 속에서 배제되거나 기회에서 소외된 사람들을 수면 위로 끌어올려 조명하려는 목적을 갖고 있다.

(생물학적인 또는 법적인) 여성

female

이 단어는 원래 female athlete^{여성 운동선수}처럼 형용사로 쓰이는 것이 자연스러운데, 명사로 female만 단독 사용할 경우에는 생물학적 속성을 부각하거나 성적 대상화의 뉘앙스를 띠는 경우가 많다. 군대, 경찰에서 여성을 females^{복수형}로 일컫는 것에 대해 남성을 기준으로 삼고 여성은 예외적 존재로 다룬다는 비판이 나온다.

2017년, 트럼프 1기 행정부 시기 질병통제예방센터^{CDC}의 예산 브리핑에서 '트랜스젠더, 태아^{fetus}, 다양성, 증거 기반^{evidence-based}' 같은 단어의 사용을 제한하라는 지침이 있었다. 그 후로도 젠더나 여성 인권과 관련된 언어를 정치화하려는 시도는 계속되고 있다. 트럼프 지지자들이나 보수 성향의 인플루언서들은 우먼^{woman} 대신 피메일^{female}의 사용을 고집하며 트랜스 여성의 정체성을 부정하는 데 이 단어를 사용한다. 이런 맥락에서 트랜스젠더 혐오로 악용되는 경우가 있다.

페미니즘

feminism

NEWS   2025년 1월 24일, 트럼프는 행정 명령EO 14182 을 통해 하이드 수정안 연방 자금으로 임신 중지 시술을 지원할 수 없도록 하는 법을 강제 집행하여 임신 중지 관련 지원을 전면 금지하였다. 2월에는 해외 NGO가 임신 중지 관련하여 상담하거나 정보만 제공해도 미국의 자금 원조를 중단하도록 조치하였다. 뿐만 아니라 경구 임신 중지 약의 접근을 제한하고자 시도하고, 현재는 예산 차단 등을 통해 피임 상담 같은 일반 진료 서비스도 중지시키려는 시도를 하고 있다.

트럼프 행정부와 보수 진영이 페미니즘이라는 용어 사용을 지양하거나 부정적인 뉘앙스로 다룬 이유는, 단순하게 어휘 기피를 하는 게 아니라 이념적 문화 전쟁 차원에서 페미니즘이 자신들의 가치와 충돌한다고 보았기 때문이다.

트럼프 행정부 및 보수 진영은 페미니즘을 기존의 가족 제도, 성 역할, 종교적 가치에 대한 공격으로 해석한다. 특히 성 소수자 권리, 낙태권, 트랜스젠더 권리 옹호 등과 연결된 현대 페미니즘을 반反보수적 정치 운동으로 본다. 예를 들어 트럼프 지지자 중 일부는 '페미니스트는 남성을 혐오하고 가족 제도를 파괴한다'는 프레임을 만들고 퍼뜨린다.

트럼프는 대통령 취임 직후부터 낙태권 축소, 가족계획 보조금 삭감 등을 단행했다. 이는 여성의 자기 결정권을 중심으로 한 페미니즘과 정면으로 충돌하는 정책들이다. 미투 운동이 미국에서 절정에 이르던 2017~2018년, 트럼프 대통령도 성폭력 고발의 대상이 되었는데, 그는 이를 '정치적 마녀사냥'이라고 비판하였다. 보수 진영은 이를 통해 페미니즘이 남성을 탄압한다는 프레임을 강화했다.

트럼프 행정부는 '성 평등'나 '여성 역량 강화' 같은 표현을 가끔 사용하지만 '페미니즘'이라는 단어는 거의 쓰지 않는다. 퍼스트 레이디인 이방카 트럼프는 "나는 페미니스트가 아니다. 대신 여성을 위한 경제적 기회를 믿는다"라고 꼬아서 말한다. 현재 미국 보수 미디어에서는 페미니즘은 분열적이며 반미국적 이념이라는 주장을 반복하고, 백악관의 여성 정책에서도 페미니즘이라는 단어를 지우고 있다.

임신한 사람

pregnant + person/people/persons

예전에는 pregnant woman^{임신한 여성}이 일반적으로 쓰는 표현이었다. 하지만 임신 가능한 사람이 모두 여성의 정체성을 가진 것은 아니라는 인식이 확산되면서 더 포괄적인 언어가 등장했다. 특히 트랜스 남성, 논바이너리 인구도 임신할 수 있기 때문에 포용성과 정확성을 고려한 언어 변화로 볼 수 있다.

pregnant person은 임신한 개인을 의미하는 성 중립적 표현이다. 여성뿐 아니라 트랜스 남성, 논바이너리 등 임신이 가능한 사람 모두 포함한다. 의료 문서, 법률 문건에서 주로 사용한다.

pregnant people은 가장 흔히 사용되는 성 중립적 표현이고 포괄적인 복수 표현이다. 정책, 학술, 보건 등 공적 담론에서 가장 널리 쓰이며, 포괄성과 자연스러운 사용을 모두 충족하는 표현이다.

pregnant persons는 법률적 문맥에서 주로 사용한다. 다소 격식을 차리는 뉘앙스를 갖고 있다.

자궁이 있는 사람들

 **people + uterus**

최근 몇 년간 젠더 포용적 언어로 널리 사용되는 용어다. 이 표현은 전통적으로 여성의 것으로 간주되던 신체 조건을 성별 정체성과 분리해서 설명하려는 목적에서 나왔다.

women with a uterus^{자궁이 있는 여성들}같이 자궁 관련 이슈^{낙태권, 여성 의학과, 생리 등}에 사용되던 표현이 있었다. 그러나 이 표현이 여성이 아닌 사람도 자궁이 있을 수 있다는 현실을 반영하지 않는다는 점과 성별 정체성의 다양성을 고려하지 않은 시스젠더 여성 중심적 관점이라는 비판이 일어났다. 결과적으로 트랜스젠더, 논바이너리 등의 의료 접근성과 안전성을 떨어뜨릴 수 있다는 문제점이 제기되었다. 그래서 대안으로 이 용어를 사용하게 되었다. people with a uterus^{자궁이 있는 사람들}는 시스젠더 여성만을 상정하지 않고, 트랜스 남성^{성별 정체성은 남성이나 자궁이 있는 경우}, 논바이너리^{남녀로 정체화되지 않으나 자궁이 있는 경우}까지 포함하는 표현이다.

To be yourself in a world that is constantly trying to make you something else is the greatest accomplishment.

끊임없이 당신을 다른 존재로 만들려고 하는 이 세상에서 자신으로 살아간다는 건 그 자체로 가장 위대한 성취이다.

랠프 월도 에머슨

제7장

LGBTQ+ & gender

금지어가 된
성 소수자와 젠더
표현들

인간 존엄과 다양성을
인정하는 문제

1969년 뉴욕의 스톤월 항쟁은 미국뿐 아니라 전 세계 성 소수자 권리 운동에 큰 전환점이 되었다. 스톤월 인이라는 게이 바에 경찰이 동성애자와 성 소수자들을 단속하기 위해 습격을 감행했는데, 그날은 평소와 달리 성 소수자들이 참지 않고 맞서 싸웠다. 스톤월 항쟁은 성 소수자 운동의 시발점으로, 억압과 차별에 맞선 저항의 상징이 되었다.

그전까지는 그들이 존재한다는 것조차 세상에 드러나지 못했다. 감춰지고, 금기시되었다. 젠더에 대한 논의도 마찬가지였다. 하지만 1970년대부터는 페미니즘이라는 바람과 함께 젠더 정체성, 표현의 자유가 점차 입에 오르내리기 시작했다. 그렇게 묵묵히 숨죽였던 이야기들이 하나둘씩 그 자리를 찾아갔다. 이제 미국 사회에서 성 소수자와 젠더 문제는 어느새 뿌리 깊은 논쟁이자 뜨거운 화두가 됐다. '젠더gender'라는 단어가 단순한 남녀 구분을 넘어 개인의 복잡한 정체성과 표현을 품는 그릇으로 변모한 지도 오래다.

미국의 성 소수자 및 젠더 이슈는 오랜 투쟁과 사회적 인식 변화의 결과로 개인의 정체성과 권리를 존중하는 방향으로 천천히 나아가고 있다. 성 소수자 이슈를 둘러싼 정치적 갈등은 미국 사회 내 깊은 분열을 보여주지만 '성적 선호sexual preference'와 '젠더 이데올로기gender ideology'에 대한 폭넓은 인식 증가는 젊은 세대를 중심으로 퍼지고 있다. 이들은 '출생 시 의학적 성별assigned at birth'에 갇히지 않고, 스스로 선택하고 표현할 수 있는 자유를 존중받아야 한다는 믿음을 공유한다.

'LGBT'라는 용어는 레즈비언, 게이, 양성애자, 트랜스젠더를 포괄하는 집단을 가리키며, 각자의 '성적 선호'와 성별 정체성에 따라 다양한 삶의 방식을 대표한다. 트랜스젠더, 그들은 태어날 때 부여받은 성별이 아닌 자기 자신으로 살기 위해 'gender affirming care'를 필요로 한다. 이 케어는 단순한 치료가 아니라 존재의 권리이자 삶의 질을 지키는 최소한의 존엄이다. 미국 사회는 이 케어를 둘러싼 논쟁으로 들끓고 있지만, 반대자들은 '젠더 이데올로기'라는 이름으로 이를 부정하고 다양성의 가치를 허물려 한다.

그런데 최근 트럼프 행정부가 성 소수자와 젠더 관련 용어들을 금지하려는 시도는, 그간 힘겹게 쌓아 올린 존중과 포용의 벽에 차가운 물을 끼얹는 행위에 가깝다. 이 시도는 미국 사회가 앞으로 나아가려는 발걸음을 멈추게 하고, 수많은 이들이 자신의 존재를 당당히 드러내는 길을 가로막는 무거운 족쇄다. 시대가 요구하는 기본적인 인권과 다양성을 뒤집는, 역사의 흐름에 역행하는 움직임이다.

결국 이 문제는 단순한 논쟁을 넘어 인간 존엄과 다양성을 인정하는 문제다. 과거와 현재의 갈등 속에서, 우리 모두가 자신답게 살아갈 권리를 인정하는 쪽으로 나아가야 할 것이다.

레즈비언, 게이, 바이섹슈얼, 트랜스젠더
LGBT

성적 지향이나 성별 정체성이 전통적인 이성애자 시스젠더와 다른 사람들을 가리킨다. 여성이 여성을 사랑하는 레즈비언lesbian, 남성이 남성을 사랑하는 게이guy, 성별에 상관없이 남성과 여성 모두에게 끌림을 느끼는 양성애자bisexual, 자신의 출생 시 지정된 성별과 다른 성별 정체성을 가진 트랜스젠더transgender의 머리글자를 땄다. 이 가운데 게이는 때로 성별 불문하고 동성애자를 지칭하는 포괄적 표현으로 사용되기도 한다.

LGBT는 단순히 성적 취향이나 정체성 문제가 아니라, 사람들의 존엄성과 자기 결정권을 지키는 문제와 직결한다. 많은 나라에서 LGBT 개인들은 역사적으로 차별, 폭력, 배제를 겪어 왔다. 현재는 여러 인권 운동을 통해 이를 바로잡아 나가는 과정에 있다.

LGBT와 퀴어 또는 퀘스쳐닝

LGBTQ

LGBTQ는 더 다양하고 포괄적인 성적 지향과 성별 정체성을 포함한다. 여기서 Q는 퀴어^{queer}나 퀘스쳐닝^{questioning}을 의미한다. 퀴어는 전통적인 성 역할과 성별 범주에 얽매이지 않는 사람들을 의미하고, 퀘스쳐닝은 자신의 성적 지향이나 성별 정체성을 탐색 중인 사람을 뜻한다. 퀴어는 한때 모욕적인 의미로 쓰였지만 현재는 많은 성 소수자들이 이를 자긍심의 표현으로 사용한다.

LGBTQ는 이 자체로도 포괄적인 용어지만 더욱 다양한 정체성을 포함하기 위해 LGBTQIA+ 혹은 LGBTQ+로 확장되기도 한다. I는 인터섹스^{intersex}로 염색체, 호르몬, 생식 기관 등 남성과 여성의 전통적 성 특성을 동시에 가진 사람들을 뜻한다. A는 에이섹슈얼^{asexual}이나 앨라이^{ally}로, 에이섹슈얼은 성적 끌림을 느끼지 않는 사람, 앨라이는 성 소수자를 지지하는 비非성 소수자다. +는 이 외 다양한 정체성 팬섹슈얼 pansexual 끌림에 있어서 성별을 고려하지 않는 사람, 논바이너리 non-binary 남성이나 여성으로 분류되지 않는 성별 정체성을 가진 사람, 젠더플루이드 genderfluid 상황이나 시기에 따라 성명 정체성에 유동성이 있는 사람 등을 포괄하는 단어이다.

논바이너리

non-binary

논바이너리는 성별 정체성의 범주 중 하나로, 남성 또는 여성이라는 이분법적binary 성별 체계에 속하지 않는 정체성을 뜻한다. 논바이너리 개인은 자신을 남자도 여자도 아닌 사람, 남성과 여성의 경계를 넘나드는 사람, 또는 성별 개념을 아예 거부하는 사람 등으로 인식할 수 있다.

성별이 없다고 느끼는 에이젠더agender, 남성과 여성, 또는 두 개 이상의 성별 사이를 오가는 바이젠더bigender, 시기나 상황에 따라 성별 정체성이 유동적으로 바뀌는 젠더플루이드genderfluid, 기존 성별 체계에 도전하거나 이를 해체하는 젠더퀴어genderqueer, 남성 또는 여성과 어느 정도 관련은 있지만 완전히 그 성별이라고 느끼지 않는 데미젠더demigender 등이 여기에 해당한다.

독일, 캐나다, 호주 등에서는 성을 표시할 때 제3의 성 또는 성별 비공개 옵션을 인정하지만 아직 대부분의 나라에서는 여전히 남녀 중에 선택해야 한다. 직장, 병원, 교육 기관에서는 호칭이나 화장실 사용 등에서 논바이너리 개인들이 차별이나 불편을 겪는 경우가 많다.

미국에서는 2025년 현재 약 20개 주에서 운전면허증 같은 공적 서류에서 X^논바이너리를 선택하는 것이 가능하다. 여권에도 X 성별 표시가 가능하다. 또한 일부 주에서는 성별 정체성을 이유로 한 차별을 금지하고 있다. 그러나 연방 차원의 포괄적 보호는 여전히 부족하다.

많은 논바이너리 개인이 자신의 호칭으로 they/them^그들/그들의 같은 대명사를 사용한다. 일부는 ze/zir, xe/xem 등 중성적 대명사를 선호하기도 한다. 그러므로 어떤 호칭으로 불러야 할지 모를 때는 그 사람이 원하는 호칭과 대명사를 직접 물어보고 사용하는 것이 가장 좋은 방법이 된다.

트랜스젠더

transgender

출생 시 지정된 성별과 자신이 느끼는 성별 정체성이 일치하지 않는 사람이다. 트랜스젠더는 자신이 느끼는 성별에 맞게 사회적 전환이나 의료적 전환을 선택하기도 한다. 사회적 전환은 이름, 옷차림, 대명사 등을 바꾸는 것을 말하고, 의료적 전환은 호르몬 치료를 받거나 수술받는 경우를 뜻한다. 법적 전환은 주민등록이나 여권, 면허증 등의 성별을 정정하는 것이다.

트랜스젠더는 사회적 편견, 고용과 의료 분야의 차별, 폭력에 매우 취약하기 쉽다. 많은 나라에서 트랜스젠더에 대한 법적 보호가 미흡하며 혐오 범죄의 대상이 되기도 한다.

2025년 트럼프 대통령의 트랜스젠더 정책 방향은 전반적으로 엄격한 반反트랜스 입장에 집중되어 있다. 성별은 생물학적 남녀만 인정하고, 미성년자에게 성전환 의료를 금지하였다. 트랜스젠더의 연방군 복무를 금지하고, 트렌스젠더 여성일 경우 여성 스포츠 경기에 참여를 금지하였다. 교사나 상담사들이 학생의 성전환 관련하여 정신 건강을 지원하거나 학생이 선호하는 대명사를 사용하는 등의 행위를 하였을 경우 형사 처벌의 대상으로 지정하였다.

함께 금지한 다른 표현들 • **transsexual** 생물학적 성을 의학적으로 전환한 사람이라는 뜻이나 현재는 덜 사용되는 표현이다.

섹슈얼리티

sexuality

섹슈얼리티sexuality는 맥락에 따라 다르게 해석된다. 개인이 누구에게 성적으로 끌리는지, 성적 매력을 느끼는지, 어떤 방식으로 사랑을 느끼고 표현하는지 등을 전체적으로 포괄하는 단어이다. 다음과 같은 요소들을 포함할 수 있다. 성적 지향sexual orientation, 누구에게 끌리는가, 성별 정체성gender identity, 자신을 어떤 성별로 인식하는가, 성 표현gender expression, 외모나 행동으로 성별을 어떻게 표현하는가, 성적 행동sexual behavior, 실제로 누구와 어떤 성적 관계를 맺는가 같은 요소들이다.

성적 지향

 **sexual orientation**

개인이 누구에게 성적으로 또는 감정적으로 끌리는지 뜻하는 포괄적인 단어이다. 성적 지향에는 동성애, 이성애, 양성애, 무성애 등이 있을 수 있다. 이 단어를 사용할 때 염두에 두어야 할 것은 성적 지향이 개인의 선택이 아니라 타고난 특성이라는 점이다.

성적 선호

sexual preferences

개인이 성적으로 어떤 특성, 요소, 상황, 방식, 조건에 끌리는지에 대한 개인적인 취향이나 선호를 말한다. 어떤 사람은 특정한 성별 표현_{여성적인 남성, 중성적 사람 등}에 더 매력을 느낄 수 있다. 다만 최근에는 성적 기호라는 표현을 조심스럽게 사용하는 경향이 있다. 그 이유는 이 표현이 성적 지향을 마치 선택 가능한 것으로 오해하게 만들 수 있기 때문이다. 성적 지향은 선천적이고 고정된 정체성으로 보는 견해가 강한 반면, '선호'라는 말은 임의적이고 가변적인 선택으로 받아들여질 여지가 있어 혼동을 초래할 수 있다.

남성과 성관계를 가지는 남성

MSM

MSM는 남성과 성관계를 가지는 남성men who have sex with men의 약자로, 의학이나 보건 영역에서 주로 사용하는 용어이다. 성별 정체성과 관계없이 남성과 성적 행동을 하는 모든 남성을 포함하는 개념이 필요해서 이 단어가 사용되게 되었다.

게이, 양성애자 같은 기존의 성적 지향 용어는 정체성을 중심으로 한다. 하지만 현실에는 다양한 경우가 존재한다. 자신을 게이라고 생각하지 않지만 남성과 성관계를 맺는 남성, 이성과 결혼했지만 남성과도 관계를 맺는 남성, 성 소수자 정체성을 드러내지 않고 익명이나 비공개로 성적 활동을 하는 경우 등이다.

보건, 공공 의료 분야에서는 HIV/AIDS 예방과 연구에서 이 용어가 많이 쓰인다. 감염 경로를 파악하고 예방 정책을 세우기 위해 실제 행동이 중요하기 때문이다. 사회과학이나 정책 개발 분야도 특정 인구 집단의 행동 양상 파악이 필요할 때 사용한다.

믹스

Mx.

믹스Mx는 미스터Mr, 미스Ms, 미세스Mrs, 미즈Miss 등 전통적인 성별에 따른 호칭의 대안이다. 성별을 드러내고 싶지 않거나 논바이너리, 젠더퀴어 등의 정체성을 가진 사람들을 호칭할 때 사용하는 성 중립적 경칭이다.

영국에서는 1970년대에 처음 제안되어 현재는 정부, 은행, 대학, 일부 공공 기관에서 공식 경칭으로 인정한다. 이메일, 우편, 온라인 등의 성별을 묻는 자리에 Mx를 선택할 수 있는 경우도 많아졌다. 미국의 경우에는 뉴욕과 캘리포니아의 일부 지역 학교와 공공 기관의 서류에 사용 가능한 경우가 있지만 아직 대중적이진 않다. 하지만 점점 사용이 늘고 있는 추세이다.

최근에는 성 중립적 대명사로 they/them도 많이 쓰이는데, 누군가의 성별이 남성he/him도 여성she/her도 아닐 때, 또는 모를 때 그 사람을 가리키는 성 중립적 대명사로 사용한다.

(사회적) 성

gender

> NEWS   2025년 1월 20일, 트럼프는 취임 직후 발표한 행정 명령에서 이렇게 말했다. "오늘부터 미국 정부의 공식 정책에는 남성과 여성, 두 가지 성별만 존재한다." 또한 성^{sex}은 불변하는 생물학적 분류이며, 성별 정체성과 동의어가 아니라고 규정하였다.

젠더는 생물학적 성^{sex}과 구별되는 개념으로, 사회적·문화적 맥락의 성별 정체성$^{gender\ identity}$, 역할$^{gender\ role}$, 표현$^{gender\ expression}$을 통합적으로 뜻한다. 이는 남성성, 여성성처럼 사회가 특정 성별에 기대하는 행동, 역할, 외형, 정체성 등으로, 타고나는 것이 아니라 사회적으로 학습되고 구성되는 것으로 본다.

2025년 1월 취임 후, 트럼프 행정부는 다수의 행정 명령과 정책을 통해 젠더 이슈를 적극적으로 다루고 있다. 정부 문서에 성별 정체성이 아닌 생물학적 성만 인정하도록 규정하고, 교육 현장에서 교사가 성별 정체성을 이유로 학생들의 호칭이나 화장실 사용 문제에 개입할 경우 형사 처벌할 수 있다고 명시하였다. 또한 청소년의 성전환 수술, 호르몬 치료 등을 아동 훼손으로 규정하여 연방 자금 지원을 중단하였다. 보건복지부 산하 CMS메디케어·메디케이드 서비스 센터 소속 병원들 가운데 젠더 관련 의료를 제공하는 병원에 대해서는 연방 자금 삭감을 검토하도록 하였다. 정부 기록에서 트랜스 및 논바이너리 표기를 지우고 있으며 군사 분야에서도 성별 변경을 불허하거나 시설 이용을 제한하는 등 강한 제재를 가하고 있다.

이런 미국의 현황과는 별개로, 예전부터 어떤 사회에서는 세 번째 성이 존재했다. 예를 들면 인도의 히즈라hijra, 북미 원주민의 투 스피릿two-spirit, 사모아의 파파피네fa'afafine, 태국의 카토이kathoey 등이다.

히즈라는 수백 년 된 공동체로, 독자적인 사회 구조와 종교 의례를 지닌다. 파파피네도 사모아 사회에서 자연스럽게 받아들여지는 제3성이다. 북미 원주민들도 남성과 여성의 정체성을 모두 갖거나 초월한 존재를 표현하는 투 스피릿이라는 용어를 사용해왔다.

인도는 2014년부터 헌법상 제3의 성을 공식 인정하고 주민등록 및 여권에 표기할 수 있게 하였다. 네팔도 2007년부터 제3성other을 법적 성별로 인정하였고 주민등록증에 'O'로 표기하고 있다. 독일의 경우에는 2018년부터 출생 신고 시 성별에 'divers다양'로 표기하는 것을 허용하였고, 호주 역시 출생증명서와 여권 등에 'X'로 성별을 표기하도록 허용하고 있다. 아르헨티나는 2021년부터 주민등록증에 X 성별 표기가 가능해졌고, 캐나다의 일부 주도 X 성별 또는 논바이너리 선택이 가능하다.

함께 금지한 다른 표현들 • **genders** 젠더의 복수형. '젠더는 하나가 아니다'라는 정치적 선언이자 인식 전환을 반영하는 의미가 있는 표현 **gender based** 젠더를 기반으로 한

성별 다양성

gender diversity

일반적으로는 남녀의 성비 균형을 의미하는 경우가 많았지만 점차 다양한 성별 정체성을 포함하는 상태로 개념이 확장되고 있다. 사람들의 성별 정체성과 성 표현이 매우 다양할 수 있는 사실을 인정하고 존중하는 것이 성별 다양성이다.

성별 정체성

gender identity

성별 정체성은 내가 스스로 인식하는 성별을 말한다. 생물학적 성, 출생 시 지정된 성별과 일치하지 않을 수 있다.

젠더 이데올로기

gender ideology

> NEWS 최근 가디언 보도에 따르면, 재향 군인 전문 병원에서 프라이드 깃발 금지, 성 정체성 언급 삭제, DEI 사무소 해체 등의 방침이 실행되었다고 한다. 이로 인해 트랜스젠더 참전 용사들의 의료 접근성이 급감한다는 우려가 제기되고 있다.

진보적 젠더 개념, 트랜스젠더 인정, 성평등 정책, 성교육, 성 소수자 권리 등을 하나로 묶어 '이데올로기'라고 취급하고, 이를 부정적 틀로 규정하려는 시도에서 많이 사용하는 표현이다. 주로 보수적 정치 세력, 종교 단체, 반反성 소수자 운동에서 사용한다. 이들은 성 소수자 인권 확대나 포괄적 성교육, 트랜스젠더 권리 보장 등을 사회 질서에 대한 위협이나 선동으로 간주한다. '성별은 남성과 여성 둘뿐이다', '성교육은 가정을 무너뜨린다', '아이들에게 젠더 이데올로기를 주입하지 말라'는 이들이 자주 사용하는 주장이다.

폴란드와 헝가리에서는 젠더 이데올로기 반대 법안을 추진하여 트랜스젠더의 권리를 제한하고자 할 때 이 표현을 썼다. 브라질에서는 공교육에서 성교육을 금지해야 한다고 주장하면서 '젠더 이데올로기'라는 표현을 사용하였다. 한국에서도 일부 정치권, 종교계, 온라인 등에서 포괄적 차별금지법 등의 반대 이유로 이 용어를 사용하고 있다.

존중 기반 돌봄

affirming care

> NEWS 2025년 7월 18일, 워싱턴 D.C. 소재의 국립 어린이 병원이 법적 규제 위험 증가를 이유로, 미성년자를 대상으로 하는 성별 정체성 존중 기반 돌봄 제공을 8월 30일부터 전면 중단하겠다고 발표했다. 이는 트럼프 행정부가 연방 차원에서 중단 압박을 지속한 영향으로 분석된다.

개인의 성별 정체성, 성 표현, 성적 지향을 있는 그대로 존중하며 지지하는 방식으로 행해지는 돌봄과 지원 서비스를 의미한다. 단순히 차별하지 않는 것을 넘어서 정체성을 긍정적으로 받아들이고 이를 중심에 두고 서비스를 제공하는 적극적 태도이다. 성 소수자, 특히 트랜스젠더 및 젠더 다양성을 가진 사람들에게 매우 중요한 개념이다. 이 용어는 의료, 정신 건강, 교육, 사회 복지 등의 영역에서 사용되며 점점 강조되고 있다.

함께 금지한 다른 표현들 • **gender affirming care** 성별 정체성을 인정하고 지지하는 의료

지정 성별

assigned at birth

아기가 태어났을 때 외부 생식기를 기준으로 병원이나 가족, 사회가 정한 성별을 의미한다. 음경이 있으면 남자^{male}로, 질이 있으면 여자^{female}로 등록하는데, 이것이 출생 시 지정된 성별^{sex} $^{assigned\ at\ birth}$이다. 의사나 간호사, 또는 사회가 아기의 몸을 보고 지정^{assign}하는 것인데, 이 지정이 항상 그 사람이 느끼는 성별 정체성과 일치하지는 않는다. 그래서 젠더 다양성 논의에서는 '태어날 때 결정된 성^{sex}'이라는 표현 대신 더 정확하고 중립적인 의미로 assigned at birth라는 표현을 사용한다.

함께 금지한 다른 표현들 • **assigned female at birth** 출생 시 여성으로 지정
assigned male at birth 출생 시 남성으로 지정

I'm not broken.
I don't need to be fixed.

나는 고장 난 존재가 아니며,
고쳐져야 할 대상도 아니다.

미상

제8장

disability & health equity

금지어가 된
장애와 건강 형평성
표현들

모두의 존엄과 권리를
보장하는 길

1960~70년대, 미국에서 다양한 인권 운동이 들불처럼 번지면서 장애인 권리 운동 역시 거세게 일어났다. 장애인들도 비장애인과 같은 존엄과 자유를 누려야 한다는 목소리가 점점 커졌다. 1973년, 연방 정부는 재활법Section 504 of the Rehabilitation Act을 제정했다. 이 법은 연방 지원을 받는 모든 기관에서 장애인을 차별하는 것을 금지했다. 이는 미국 역사상 처음으로 장애 차별을 법적으로 금지한 결정적인 전환점이었다.

그리고 1990년, ADA장애인법가 제정됐다. 이 법은 장애인에게 공공장소와 직장, 교통, 사회 전반의 벽을 허물었다. 이제 누구도 장애인을 배제할 수 없었다. 보호받는 존재에서, 동등한 시민으로. 그 변화는 느렸지만, 분명했다. 장애를 가진 이들의 사회 참여와 자립, 그리고 의료 서비스에의 접근이 실제로 가능해졌다.

그때부터 장애는 '개인의 문제'가 아니라 사회가 함께 짊어져야 할 몫이 되기 시작했다.

2000년대에 들어서면서 미국은 건강 형평성health equity이라는 개념에도 눈을 돌리기 시작했다. 건강 형평성은 단순히 모두에게 같은 의료를 주는 것이 아니라, 각자의 삶에, 각자의 조건에 맞는 기회를 만들어야 한다는 생각이다. 휠체어 경사로나 점자 표지판을 넘어 정책과 교육, 그리고 사람들의 태도가 바뀌어야 한다고 말하는 개념이다. 의료진이 환자의 상황을 제대로 알고, 그에 맞는 치료를 제공하는 일, 즉 환자 중심의 의료person-centered care를 통해서 신뢰와 역량을 강화하는 것이다, 2010년 시행된 오바마케어ACA는 이런 변화의 연장선이었다. 장애인, 소수자, 저소득층, 소외 계층 모두가 의료에 접근할 수 있도록. 건강 형평성이 미국 보건 정책의 목표로 처음 명확히 제시됐다.

이 모든 변화는 한순간에 일어난 것이 아니다. 시민운동, 법 제정, 사회 인식의 변화가 오랜 시간 맞물려 돌아갔다. 미국 사회는 점진적으로 포용과 평등을 향해 움직여 왔다. 물론 지금도 이 논의는 끝나지 않았다. 중요한 건, 장애와 건강 불평등이 더 이상 개인의 문제가 아니게 되었다는 점이다. 사회 전체가 함께 고민하고, 변화해야 할 과제로 받아들였다.

장애가 있는 사람과 그렇지 않은 사람 사이의 건강 격차는 여전히 선명하다. 장애인들은 더 나쁜 건강 상태, 예방 서비스 이용률 저하, 만성 질환의 위험을 겪는다. 이는 환자 중심의 의료가 충분히 제공되지 않는, 낡은 의료 시스템의 한계 때문이다.

이 격차를 메우는 일은 단순히 누군가의 복지를 약간 높이는 문제가 아니다. 모두의 존엄과 권리를 온전히 인정할 때, 사회는 더 풍요로워진다. 의도적이고 포용적인 노력만이 공정하고 접근 가능한 의료 서비스라는 사회적 약속을 실현하게 한다. 이런 맥락을 알고, 트럼프 행정부의 발끝이 어느 방향을 향하고 있는지 다음 단어들을 보며 생각해 보면 좋을 것이다.

건강 격차

health disparity

'왜 어떤 그룹은 다른 그룹보다 더 아플까?'에 대한 답을 개인의 문제에서 찾지 않고 사회나 정책, 제도에서 찾는 것이다. 이를테면 저소득층이 고소득층보다 만성 질환에 걸릴 확률이 높다거나 농촌에 사는 사람이 도시에 사는 사람보다 의료 서비스에 접근이 어려운 경우가 여기에 해당한다. 이때 이 격차가 사회적으로 예방 가능한 차이일 때 특히 문제로 간주된다.

미국에서는 흑인과 라틴계 사람들이 백인에 비해 고혈압이나 천식 같은 만성 질환 발병률이 높게 나타난다. 이는 주거 환경이 열악하거나 의료 서비스 접근성이 떨어지기 때문이다. 또한 여성은 남성에 비해 특정 암이나 정신 건강 문제에 더 취약한데, 이는 의료 연구나 치료가 남성 중심으로 진행되어 여성 특유의 증상이나 요구가 간과되는 경우가 많기 때문이다. 이런 사례들은 건강 격차가 개인의 문제가 아니라 사회적, 제도적 불평등과 깊이 연결되어 있음을 보여 준다.

건강 형평성

 **health equity**

건강 격차를 해소하기 위한 핵심 개념이다. 모든 사람이 사회적, 경제적, 인종적 조건과 상관없이 공정하게 건강을 누릴 기회를 갖는 것을 말한다. 모두에게 똑같은 의료 서비스를 제공하는 것이 아니라 각자의 필요와 상황에 맞는 차등적 지원을 통해서 공정한 결과를 이루는 것을 목표로 한다. 실현 방식으로는 의료 접근성이 낮은 저소득층이나 장애인, 소수 인종 집단에게 더 많은 자원을 배분하거나 언어 장벽이 있는 사람에게 통역 서비스를 제공하는 것을 들 수 있다.

사람 중심의

person-centered

개인이 그 사람답게 살 수 있도록 사람을 중심센터에 놓고 생각해 돕는 방법을 의미한다. 고유한 가치, 선호, 필요, 삶의 맥락을 존중하고, 그 사람을 주체로 서비스를 설계하고 결정하여 제공하는 것이다.

예컨대 어떤 환자는 통증 완화보다 일상생활을 독립적으로 하는 것이 더 중요할 수 있다. 그럴 경우에는 그에 맞춰 재활 목표를 설정한다. 복지 현장에서는 노인의 말을 직접 듣고, 그 사람이 원하는 방식으로 돌봄 서비스를 제공해 자율성과 존엄성을 지키도록 하는 것이다.

함께 금지한 다른 표현들 • **people-centered care** 사람 중심의 돌봄 **person-centered care** 개인 맞춤형 돌봄 또는 서비스

배리어

barrier

장애인이 비장애인과 동등한 수준의 생활을 유지하거나 일상의 서비스를 이용하는 데 방해가 되는 물리적, 정보적, 제도적, 사회적 장벽을 말한다.

대표적으로 공간 접근의 어려움을 들 수 있다. 휠체어를 이용해 쉽게 진입할 수 없는 건물 구조나 장애인 화장실이 부족한 경우가 그에 해당한다. 또 대중교통을 이용하는 것에 제약이 많은 것도 장벽이 된다. 수어 통역의 미비함이나 점자 미제공은 시각, 청각 장애인을 고려하지 않은 정보 장벽이다. 장애인이 온라인 정보나 서비스를 이용하기 어려운 환경도 디지털 격차를 가져온다. 장애 치료, 보조기기에 대한 보험이나 보장이 없는 경우나 장애 유형과 필요를 고려하지 않은 획일적인 정책 설계는 제도적 장벽이 된다. 또한 의료진이나 타인의 무지, 차별적 태도를 비롯해 장애인은 생산성을 내기 어렵다는 편견에 기반한 낮은 기대치는 활동의 기회를 제한하는 사회적 장벽이다.

함께 금지한 다른 표현들 • **barriers** 장벽들

디스어빌리티

disability

> **NEWS** 2025년 1월 29일, 워싱턴 D.C. 상공에서 군 헬리콥터와 여객기가 충돌하는 사고가 발생해 항공기의 64명과 헬기에 타고 있던 3명이 사망하는 참사가 벌어졌다. 이 사고 이후, 트럼프는 관제탑의 DEI 채용 정책이 충돌의 원인 중 하나라고 비난하며 "심각한 지적 장애, 정신·신체 장애, 간질, 난독증을 가진 사람들을 고용했다"고 주장하였다. 항공 안전 전문가 및 인권 단체들은 해당 발언을 '악의적이고 증거 없는 주장'이라고 강하게 비판했다.

기능이나 구조적 손상으로 활동이 제한된 상태가 된 것을 장애라고 한다. 과거에는 장애를 핸디캡handicap이라고 표현했다. 이제는 디스어빌리티disability라는 표현을 더 많이 사용한다. 시각 저하, 마비, 우울증 같은 장애를 갖게 되면 이동이나 학습, 일에 어려움이 생기고 사회 활동 참여가 어려워진다. 현대에는 장애를 개인의 신체에 국한된 문제로 보지 않고, 그 사람을 둘러싼 사회와 환경의 구조적 문제로 이해하는 방향으로 가고 있다.

함께 금지한 다른 표현들 • **disabilities** 장애들

접근 가능한

accessible

보통 어떤 장소로 입장하는 것을 액세스^{access}라고 하는데, 해외에서는 호텔 같은 대중들이 이용하는 공간에 accessible이라고 쓰여 있는 것을 종종 볼 수 있다. 일반적인 뜻은 '접근하기 쉬운', '접근 가능한', '이용 가능한'이라는 의미지만, 실제 사용할 때는 모든 사람이 사용할 수 있는 시설, 즉 장애가 있거나 노인이거나 임산부, 어린이 등을 포함한 모든 사람을 수용할 수 있는 환경이라는 뜻이 있다. 경사로 설치, 점자 블록, 저상버스를 비롯하여 자막이 포함된 영상, 스크린리더 호환 웹 등이 이에 해당된다.

정신 건강

mental health

멘탈 헬스는 단순히 정신 질환이 없는 상태를 의미하는 것이 아니라 정서적 안정, 심리적 회복력, 사회적 기능이 건강하게 기능하는 상태를 뜻한다. 세계보건기구WHO는 '개인이 자신의 능력을 인식하고, 일상의 스트레스를 다루며, 생산적으로 일하고, 지역사회에 기여할 수 있는 상태'로 정의한다. 즉 자신의 감정을 인식하고 조절하며 균형 있게 표현할 수 있는 능력과 스트레스, 상실, 실패 등의 어려움에 잘 대처할 수 있는 능력, 그리고 타인과 건강한 관계를 유지하고 사회적 역할을 수행하는 능력의 조화를 말한다.

트라우마

trauma

트라우마는 개인이 감당하기 어려운 충격이나 사건에 노출된 후, 신체와 뇌, 감정, 행동에 지속적인 영향이 남겨진 상태를 말한다. 단순한 힘든 경험과는 달리, 그 기억이나 감정이 삶을 방해할 정도로 반복되거나 고정된 상태가 특징이다.

함께 금지한 다른 표현들 • **traumatic** 정신적 외상을 유발하는, 충격적인

No one is free until we are all free.
모두가 자유로워지기 전까지
그 누구도 완전히 자유롭지 않다.

마틴 루서 킹 Jr.

제9장

marginalized groups

금지어가 된 소외 계층 표현들

개인을 넘어선
사회 전체의 문제

사회적 소외^{취약} 계층은 언제나 우리 곁에 있다. 그러나 그들이 내는 목소리는 대개 묵살되고, 사회는 그들을 '보이지 않는 존재'로 만들며, 문제를 개인의 책임으로 돌린다. 상업적 성 노동자, 매춘부라는 꼬리표는 그들을 더욱 깊은 어둠 속으로 밀어 넣는다. 이 꼬리표는 단순한 단어가 아니다. 그것은 편견이고, 낙인이고, 배제의 문턱이다. 그들은 사회적으로 저평가된 underappreciated 존재로, 인정받지 못한 채 주변에 머문다.

이런 상황은 단순한 불평등을 넘어 사회 전체의 건강성을 위협한다. 누구도 고립되고 배제되어서는 안 되며, 사회적 약자에 대한 이해와 포용은 공동체의 진정한 발전을 위해 필수적이다. 편견과 차별을 걷어내고, 그들이 말할 수 있도록 귀 기울여야 한다. 그들은 단지 '도움이 필요한 누군가'가 아니라, 사회 구성원으로서 당당히 인정받아야 할 이웃이다.

사회적 소외 계층에 대한 차별과 배제는 인류 역사 전반에 걸쳐 반복되어 온 문제다. 고대부터 특정 집단은 경제적, 사회적, 문화적으로 주변화marginalization되었고, 정체성identity에 따른 차별은 깊게 뿌리내렸다. '매춘부'라는 낙인은 세월이 흘러도 지워지지 않는 상처다. 현대 사회가 인권과 평등을 말해도, 이 낙인의 그림자는 여전히 짙다. 구조적 불평등과 제도적 미비는 이들의 권리를 보장하지 못하고, 피해자를 더욱 취약하게 만든다. 이 문제는 개인을 넘어, 역사와 사회가 함께 짊어진 짐이다.

미국도 다르지 않다. 식민지 시절부터 인종, 계급, 성별에 따른 차별 구조가 견고했다. 아프리카계 미국인은 노예 제도로, 여성은 정치·경제적 권리 제한으로 고통받았다. 성 노동자들은 사회적 낙인과 배제 속에 살았다. 19세기 후반부터 20세기 초, 도시가 급격히 팽창하면서 빈곤층과 이민자 밀집 지역에서 성 노동이 늘었지만, 사회와 법은 그들을 범죄자이자 도덕적 타락자로 규정했다.

1960년대 이후 민권 운동과 페미니즘의 영향으로 인식은 서서히 변화해 왔지만, 성 노동자에 대한 법적·사회적 보호는 여전히 미흡하다. 이들은 차별과 폭력에 노출되어 피해자임에도 불구하고 목소리를 내기 어렵고, 정책적 대표성 역시 희박한 상태다. 미국 사회는 점진적인 변화를 희망하지만, 정체성에 기반한 차별과 배제 문제는 여전히 해결해야 할 과제로 남아 있다. 그럼에도 불구하고 다행스럽게도, 이러한 과제들은 조금씩 개선되어 가고 있다.

최근 트럼프 행정부가 사회적 소외 계층 관련 용어 사용을 금지하려 한 것은, 오랜 시간 쌓아온 인권 개선과 인식 변화를 한순간에 무너뜨리는 행위다. 그 정책은 사회적 약자에 대한 이해와 포용을 막고, 그들의 존재와 권리를 다시 침묵 속으로 밀어 넣는다. 사회적 소외는 단순한 개인의 불행이 아니다. 사회 전체가 직면한 구조적 문제이며, 그들의 목소리에 귀 기울이고 포용하는 태도가 절실하다.

충분히 대표되지 못한

underrepresented

어떤 집단이 사회 현장에서 실제 인구 비율보다 현저히 적게 나타나는 현상을 말한다. 이를테면 인구 절반이 여성이지만 국회의원 중 여성의 비율이 50%보다 낮다면 여성은 정치 분야에서 충분히 대표되지 못하는underrepresented 것이다. 미디어에서 보이는 흑인 배우의 비율이 전체 인구 중 흑인이 차지하는 비율보다 적다면, 이는 흑인 집단이 충분히 대표되지 못하고 있음을 의미한다. 과학, 기술, 공학, 수학과 같은 분야에서 여성이나 유색 인종의 비율이 낮을 때도 마찬가지다.

미국에서 공직이나 정치 분야에서 여성, 소수 인종, 청년층, LGBTQ+ 인구는 실제 비율 대비 대표성이 낮다. 이런 대표성 부족은 정책에서 우선순위를 설정하는 데 한계로 작용한다. 여전히 여성은 관리자나 임원이 되는 비율이 낮고, 유색 인종과 성소수자도 공적 분야에서 충분히 대표되지 못하는 현상이 유지되고 있다.

함께 금지한 다른 표현들 • **underrepresentation** 대표성 부족

저평가된

underappreciated

이 표현은 어떤 사람이나 능력, 재능, 노력, 성과 등이 충분히 인정받지 못하고 과소평가되는 상황에 대한 단어다. 가사 노동, 감정 노동, 돌봄 노동의 가치가 평가 절하당하고, 특정 성별이나 인종, 계층의 노력이 소외되는 현상을 거론할 때 많이 사용된다. 이와 비슷한 의미로 **undervalued**가 있는데, 사용에는 약간 차이가 있다. 이 표현은 금전적, 객관적인 가치를 평가할 때 사용한다. 예를 들면 돌봄 노동과 관련된 업종의 임금이 다른 노동에 비해 낮거나 그 중요도가 저평가되는 현상을 나타낼 때 쓰는 표현이다.

이 단어들은 미국의 사회 구조를 비판하거나 기득권, 차별, 불평등을 드러낼 때 자주 쓰이기 때문에 트럼프 행정부는 사용을 꺼리고 있다. 지금까지 계속 부정해 온 구조적인 불평등 문제와 직결되기 때문이다. "흑인 여성은 직장에서 과소평가된다" 같은 문장은 먼저 인종 차별, 젠더 차별을 인정해야만 성립되는 표현이다. 트럼프는 자신을 '강한 미국'의 상징으로 삼고 있기 때문에 이런 표현은 '피해자 코스프레'라고 공격하곤 한다. 막상 트럼프

본인도 종종 스스로를 '저평가되었다'고 말하지만, 사회적 약자나 노동자 계층의 문제에 대해 말할 때는 절대 이 표현을 사용하지 않는다. 일자리 부족 같은 형태의 문제만 노동자의 문제라고 보고, 노동자에 대한 사회적 존중 부족을 거론하는 것은 좌파적 서사로 치부한다. 코로나19 팬데믹 초반에 의료진의 희생에 대해 '저평가된 영웅들'이라고 말한 적은 있지만, 이민 노동자, 돌봄 노동자, 가사 노동자에 대한 언급은 좌파적이고 과도한 정치적 올바름으로 몰아가며 반감을 표한다.

함께 금지한 다른 표현들 • **undervalued** 가치가 저평가된

배제, 제외, 소외

exclusion

(NEWS) 2024년 대선 캠페인 중, 트럼프는 대선 후보인 카멀라 해리스에 대해 '그녀가 흑인인지, 인도계인지 모르겠다'고 말하며 공격했다. 트럼프는 흑인, 이민자, 트랜스젠더 등 소수자 집단을 '위험 세력'과 연결 짓는 방식으로 정체성 정치를 활용하고 있다. 대표적으로 이민자에 대해 '피의 오염'이라는 표현을 사용하며 이민자를 '비非인간' 또는 '동물'로 묘사했다. 또한 검찰과 법안 등을 이용해 이들이 '위협적'이라 강조하며 불신을 조장하고 있다.

트럼프 행정부는 이 단어가 차별과 불평등을 인정하고 구조를 비판하는 언어이기 때문에 사용을 지양한다. 배제가 있다는 것을 인정하면 포용성 정책이나 다양성 정책이 필요해지기 때문이다. 이를테면 LGBTQ+ 포용 정책, 반인종 차별 교육, 소수자 할당제 같은 것들이다. 트럼프는 이런 주장을 정체성 정치identity politics라고 비난해 왔다.

트럼프 행정부는 실제로 많은 정책에서 특정 집단을 배제하는 조치를 취했지만, 이를 '배제'라고 표현하기보다는 '보호'나 '통제'라는 용어를 사용하는 것을 선호한다. 예를 들면, 무슬림 여행 금지 조치에 대해 트럼프 행정부는 미국을 보호하는 결정이라고 주장했다. 또한 보수 진영에서는 오히려 백인 중산층이나 보수 유권자에게는 '소외, 배제, 불공정한 대우'라는 표현을 사용하지만 소수자나 이민자, 젠더 소수자에게는 적용하길 꺼린다.

함께 금지한 다른 표현들 ● **excluded** 배제된, 제외된

혜택이 충분하지 않은

underserved

의도적인 차별이라기보다 구조적 방치나 자원 부족에 의한 소외를 뜻한다. 의도적인 것이 아니라도 소외가 계속되면 결국 구조적 불평등으로 이어질 수 있다.

미국 미시시피주의 델타 지역이나 아메리칸 원주민 보호 구역은 의사와 간호사 수가 부족하고 병원 접근성이 떨어져 기본적인 진료를 받기 어려운 지역도 많다. 그러다 보니 예방 접종률이 낮고 만성 질환 관리가 어렵다. 시카고 남부나 디트로이트, 브롱크스의 일부 지역은 과밀 학급에 교사가 부족하고 교재나 대학 진학을 위한 커리큘럼이 낙후되어 있는데 이러면 저소득층의 자녀나 장애가 있는 학생은 양질의 교육을 받기 어려운 교육 소외 아동이 된다.

도서 산간 지역이나 농촌 지역에서는 인터넷 인프라가 부족하거나 사용할 때 드는 비용이 너무 비싸므로 생활과 교육, 문화생활에 필요한 활동이 제약되는 디지털 격차도 발생한다.

주변화된

marginalized

이 단어는 현재 가장 주목받는 불평등 관련 용어 가운데 하나다. marginalized는 중요치 않은 취급을 당해 사회, 정치, 경제, 문화의 주변부로 밀려난 것을 뜻한다. 차별, 편견, 권력 구조에 의해 사회적 배제, 권력과 기회의 박탈을 당했다는 의미가 있다. 앞의 underserved가 농촌 기역이나 저소득층 등에 필요한 서비스가 닿지 않는다는 의미라면 marginalized는 성 소수자나 장애인, 특정 인종, 이민자 등 사회적으로 소외되고 배제되는 집단을 가리키는 뉘앙스를 담고 있다.

예를 들어, 미국의 흑인 커뮤니티는 오랜 기간 인종 차별과 제도적 불평등 때문에 교육, 취업, 주거, 의료 등 다양한 분야에서 사회적 배제를 경험해 왔다. 조지 플로이드 사건 이후 촉발된 '흑인의 생명도 중요하다Black Lives Matter' 운동은 이러한 구조적 불평등과 권력 남용에 맞선 대표적 사례다.

또 다른 예로, 트랜스젠더들은 법적 보호의 부재와 사회적 편견 속에서 건강 보험 가입이나 취업 기회에 제약을 받으며 폭력과 차별의 위험에 노출되어 있다. 이는 단순히 '혜택이 충분치 않은'

것이 아니라, 사회적 차별과 배제의 결과로 '주변화'된 것이다.

이민자들도 마찬가지다. 미국 내 불법 체류 이민자들은 법적 지위의 불안정성 때문에 안정적인 직업이나 교육 기회를 얻기 어렵고, 사회 안전망에서도 소외된다.

함께 금지한 다른 표현들 • **marginalize** 주변화하다, 소외시키다, 사회적으로 배제하다

마이너리티

minority

마이너리티는 집단 내에서 주류가 아닌 소수라는 뜻이지만, 사회적 맥락에서는 수가 적다는 의미를 넘어 사회적 권력이나 자원이 부족한 집단을 칭한다. 그래서 실제로는 다수라도 비주류 소수 집단으로 취급되는 경우가 많다. 이를테면 과거 남아프리카공화국에서는 흑인이 소수자로 분류되었다.

기독교가 주류인 사회에서 LGBTQ+ 커뮤니티, 무슬림은 소수자로 취급된다. 장애가 있는 사람들, 이민자나 난민, 원주민 언어 사용자 등도 사회 속 소수자로 여겨진다.

그러나 다양한 정체성과 차이를 가진 사람들을 마이너리티라는 하나의 범주로 묶으면, 각 집단의 고유한 맥락이 사라질 위험이 있다. 그에 대한 대안으로 marginalized groups성 소수자 커뮤니티, 장애인, 저소득층 여성, 이민자 노동자 등, racialized communities미국 내 흑인, 아시아계, 라티노 커뮤니티 같은 인종을 기준으로 한 용어, historically excluded populations미국 원주민, 흑인 아메리칸처럼 역사적으로 배제된 인구 집단 등의 표현이 등장했고, 점차 마이너리티라는 표현을 대체하는 추세다.

함께 금지한 다른 표현들 • **minorities** 소수 집단

상업적 성 노동자

commercial sex worker

과거 성매매 종사자를 의미하는 단어였던 prostitute^{매춘부}는 성적 대상화, 낙인, 범죄성을 암시하는 부정적인 의미도 함께 내포하고 있다. 그래서 이후 노동 중심의 중립적 표현으로 sex worker^{성 노동자}를 사용하게 되었다. commercial sex worker^{상업적 성 노동자}는 사회학, 보건, 인권 분야에서 주로 사용되는 용어로, 보다 중립적이고 비차별적인 표현을 목표로 한다.

그러나 트럼프 행정부에서는 이 단어의 사용을 지양하고 있는데, 이유는 성 노동을 일^{work}로 인정하면 성매매를 합법으로 여기게 된다고 생각하기 때문이다. 종교계 보수층도 도덕적 퇴폐로 간주하고, 매춘부 대신 성 노동자로 쓰면 죄의 느낌이 사라진다고 우려한다. 따라서 트럼프 행정부는 성매매 단속을 강화하는 데 우선순위를 두면서도, 성 노동자의 인권을 보호하는 표현에는 정치적인 저항을 나타내는 경향을 보였다. 이러한 정책의 방향은 실존하는 성 노동자를 더 위험한 상황과 불안한 환경으로 몰아넣는 결과를 낳는다.

함께 금지한 다른 표현들 ● **prostitute** 매춘부. 이 표현 대신 **sex worker** 사용을 권장

정체성

identity

정체성은 단순히 '내가 누구인가'라는 의미를 넘어서 사회 안에서 어떻게 인식차이되고, 그로 인해 어떤 위치에 놓이는가차별이나 배제를 설명하는 개념이다. 언어는 현실을 반영할 뿐 아니라 현실을 만든다. 바로 앞에 나온 '성 노동자' 용어를 예로 들면, 매춘부라는 기존의 표현을 거부하고 성 노동자로 칭하는 것은 노동자로서의 법적 보호와 안전을 요구하는 의미가 담겨 있다.

정체성 호칭은 그저 언어적인 선택이 아니라 존엄성, 권리 주장, 낙인 해체와 밀접한 관계가 있다. 스스로를 어떻게 부르는가는 그 집단이 자기 주체성을 어떻게 주장하는가와 직결되는 것이다. 그래서 사회적 소외 계층은 기존의 지배적 언어를 거부하고 새로운 언어로 자신을 정의하는 시도를 한다. 미국 내 흑인의 경우 블랙Black과 아프리칸 아메리칸African American이라는 표현으로 정체성 호명을 하는데 블랙이라는 용어에 묻어 있는 기존의 부정적인 편견을 벗기고 긍정적으로 재해석하거나 민족 정체성에 중점을 두어 아프리칸 아메리칸이라 표현한다. 다만 이때도 모든 흑인이 아프리카계 미국인이 아니라는 지적이 나올 수 있다.

주요 인구

key populations

일반적으로 key people^{주요 인물}은 어떤 일에서 핵심적인 역할을 하는 인물을 말하지만, 사회적 소외 계층의 문제에서 이 표현은 지역 사회 기반이나 커뮤니티 조직에서 신뢰받고 영향력 있는 내부 인물을 가리킨다. 청소년들의 멘토, 여성 지도자, 마을 자치 조직의 리더 같은 사람들이다.

key populations^{주요 인구}는 비슷해 보이지만 다르다. 이 단어는 주로 공중 보건 분야에서 많이 쓰이는데, 특히 HIV/AIDS 대응 정책에서 사용된다. 높은 감염 위험에 노출되었지만 동시에 사회적으로 낙인, 차별, 법적 배제를 겪는 집단을 가리킨다. 대표적으로 MSM, 성 노동자, 약물을 주사로 투여하는 사람, 트랜스젠더, 교도소나 기타 폐쇄 시설의 수감자를 들 수 있다. 상황에 따라 이주민, 청소년, 노숙인, HIV 양성인 등도 포함될 수 있다.

그렇다면 코로나19 팬데믹 초기에 감염을 빠르게 확산시킨 일부 사람들도 이에 속하는 걸까 하는 생각이 들 수도 있지만, 이런 경우에는 super spreader라는 표현을 쓴다.

함께 금지한 다른 표현들 • **key people** 주요 인물, 핵심 인물

차별

discrimination

이 단어는 인종, 나이, 성별, 장애 등을 이유로 부당한 대우를 받는 것을 뜻한다. 인종 차별, 성차별, 성적 지향 차별, 장애인 차별, 나이 차별 등이 있다.

흑인은 백인보다 능력이 부족하리라 판단하거나, 여성이 동일 노동에서 적은 임금을 받거나, 장애를 이유로 지하철 같은 공공시설에 접근할 수 없거나, 성 소수자라는 이유로 채용에서 탈락시키거나, 나이가 많다는 이유로 통과한 심사를 뒤집고 불합격시키는 일들이 바로 차별이다.

차별에는 직접 차별과 간접 차별이 있는데, 직접 차별은 명시적으로 대우에 차이가 있는 것이다 여자는 채용하지 않습니다. 간접 차별은 중립인 것처럼 보이지만 특정 집단에 불리하게 기준을 두는 것이다 신체 건강한 사람만 채용, 용모 단정한 자만 지원 가능. 성 소수자를 배제하는 병역법 같은 제도적 차별도 있다. 또는 차별받는 집단이 자신을 낮게 평가하는 내면화된 차별도 있다 나는 여자라 이과는 무리야.

함께 금지한 다른 표현들 • **discriminated** 차별당한, 차별받은 **discriminatory** 차별적인

피해자

victim

최근 이 단어가 피해자를 무력하고 불쌍한 존재로만 고정한다는 지적이 나오고 있다. 피해자의 삶 전체를 그 하나의 사건으로 축소하는 낙인화에 대한 우려도 있다. 그래서 서바이버^{survivor, 생존자}라는 표현을 사용해 피해자의 회복력과 존엄성을 강조하고자 노력하고 있다.

이러한 사회적 흐름과 별개로 트럼프는 이 단어를 약자의 자기 정당화나 책임 회피로 보고 경멸하거나 조롱하는 방식으로 사용하고 있다.

"그만 징징거려. 피해자처럼 굴지 마. 승자가 되어라^{Stop whining. Don't be a victim. Be a winner.}"

"피해자 의식은 패자들을 위한 것이다^{Victimhood is for losers}."

트럼프는 이런 메시지를 반복적으로 노출한다. 그럼으로써 제도적 문제로 피해를 당하고 이를 지적하는 사람들을 사회 탓하는 패배자로 매도하는 것이다. 그리고 이런 '피해자 의식'은 좌파의 전략이라고 호도하며 인종 차별 피해자, 성 소수자, 젠더 폭력 피해자 등을 '특권을 요구하는 집단'으로 묘사하며 조롱한다. 특히 트럼프 지지층은 '왜 항상 여성, 흑인, 트랜스젠더, 난민만 피해자인가?'라며 반감을 표시한다. 이 맥락에서 트럼프는 보수 백인 남성들이야말로 '진짜 피해자'라고 주장하기도 하는데, 이 역전된 피해자 서사가 마가^{MAGA, Make America Great Again} 주장의 일부이다. 재미있게도 트럼프는 자신에 대해서도 자주 '나는 마녀사냥의 희생자', '언론과 좌파의 피해자'라고 말하는데, 이때는 스스로를 '견디고 싸운 사람'이라고 표현하고자 사용한다.

억압

oppression

여기서 억압oppression은 일시적인 나쁜 대우나 불쾌하고 힘든 상태를 뜻하는 것이 아니라, 차별이 일상화되고 제도화되어 정체성 자체가 손상되는 상황을 말한다.

폭력을 동반한 지속적인 위협에 노출되는 인종 증오 범죄, 정당한 대가 없이 노동력과 자원을 빼앗기는 여성의 가사 노동, 착취당하는 저임금 이주노동자의 상황, 고용과 교육에서 배제되는 장애인, 다수자의 기준만 정상으로 간주하는 문화적 지배, 사회적 의사 결정 단계에 참여하지 못하는 빈곤층의 정치적 대표성 부족 등이 모두 **억압적인**oppressive 구조에 속한다. 성 소수자의 경우는 법적 결혼이 불가능하고 미디어에서 비정상으로 묘사되거나 커밍아웃을 두려워해야 하는 사회 분위기가 모두 구조적으로 일상에 스며든 억압이다.

함께 금지한 다른 표현들 • **oppressive** 억압적인

"I learned that racism, like most systems of oppression, isn't about bad people doing terrible things to people who are different from them but instead is a way of maintaining power for certain groups at the expense of others."

나는 인종 차별이, 대부분의 억압 구조와 마찬가지로,
다르다는 이유로 나쁜 사람들이 끔찍한 일을 저지르는 것이 아니라,
특정 집단이 다른 집단을 희생시켜 자신들의 권력을 유지하는 방식이라는 것을 알게 되었다.

- 알리시아 가자(Black Lives Matter 공동설립자)

취약 계층

 **vulnerable populations**

이 단어는 '약한 사람들'을 뜻하는 것이 아니다. 사회 구조적으로 위험에 노출되기 쉬운 사람들을 의미한다. 장애인, 이민자, 난민, 노숙인, 저소득층, 성 소수자, 한 부모 가정의 여성 보호자, 아동과 청소년, 노인 등이 여기에 포함된다. 한국에서는 독거노인, 미등록 이주자, 시설 거주 아동, 한 부모 여성 보호자 등이다.

그러나 트럼프 행정부는 이 용어에 포함되어야 할 집단을 정책적으로 무시하거나 삭제하고, 이들을 위한 보호와 지원을 축소했다. 코로나19 초기 대응에서 고령자, 만성질환자는 취약 vulnerable 집단에 넣었지만 이민자, 노숙인, 수감자는 뺐다. 트랜스젠더를 보호 대상에 포함한 오바마 행정부의 의료 보호 조항을 폐지하였고, 2017년에는 질병통제예방센터CDC 보고서에 성 소수자와 관련된 7개의 단어를 사용하지 말라는 지침을 내렸다. 여기에 이 단어도 포함되어 있다. 이민자를 건강 보험과 재난 구호 대상에서 배제하였고, DACA불법 체류 청년 보호 프로그램 폐지도 시도했다. 오히려 이들을 '정치적 위험 집단'으로 간주하여 단속 대상으로 정하였다.

혜택받지 못한

underprivileged

트럼프 행정부는 이 용어를 선택적으로 사용한다. 그 의미를 보수적 정치 메시지에 맞게 재해석하거나 특정 집단의 구조적 불평등을 부정하는 방식으로 이용한다.

트럼프는 '미국은 차별이 없고 모두 동등한 기회를 누린다'는 메시지를 반복하는데, 이는 인종 차별, 젠더 차별, 계급 불평등 등을 부정하려는 의도가 반영된 것이다. 저소득층은 대표적인 '혜택받지 못한' 그룹이지만 트럼프 행정부는 푸드 스탬프^{저소득층 가구가 기초 식료품을 살 수 있도록 지원하는 공공복지 프로그램} 수급 자격을 축소하고 자립을 강조하며 일하지 않는 사람은 지원받지 말아야 한다는 태도를 취하고 있다. 한편으로 트럼프는 러스트 벨트 지역의 백인 저소득층 노동자들을 잊혀진 미국인^{the forgotten people}이라고 부르며, 이들이야말로 진짜 혜택받지 못한 그룹이라고 말하곤 한다. 이는 백인 보수층 기반 유권자에게 '당신들이 피해자'라는 메시지를 전달하는 것이다.

The Earth is
what we all have in common.
지구는 우리 모두가 함께 가진
유일한 집이다.

웬들 베리(시인, 환경운동가)

제10장

climate change & the environment

금지어가 된
기후 변화와 환경
표현들

우리 일상의 질과 직결된다

미국의 환경 정책은 '청정에너지clean energy'라는 단어에서 시작된다. 이상 기온, 허리케인, 가뭄 같은 기후 위기climate crisis가 일상이 된 지금, 에너지 전환은 더 이상 선택이 아니다. 연방 정부는 태양광과 풍력 같은 청정에너지 산업에 막대한 투자를 단행했고, 전기차와 재생 에너지 인프라 확충을 주요 정책으로 삼았다. 이 모든 변화의 밑바닥에는 '환경의 질environmental quality'을 높여야 한다는 조용한 합의가 깔려 있다. 미국은 한때 발전의 속도에 취해, 공장 굴뚝에서 뿜어져 나오는 연기와 강물에 흘러든 오염을 당연하게 받아들였다. 미시시피강을 따라 흘러간 오염 물질이 멕시코만에 이르러 죽음의 구역dead zone을 만들고, 어민들은 삶의 터전을 잃었다. 도시든, 농촌이든, 오염은 경계를 가리지 않는다.

미국의 환경 정책 역사는 갈등과 진보의 연속이었다. 1970년대, 환경 오염이 사회 문제로 부각되며 '환경 보호청EPA'이 설립되고, 대기 청정법·물 환경법과 같은 강력한 규제들이 도입되었다. 이후 1990년대에는 오존층 보호와 온실가스 감축 논의가 본격화됐지만, 경제 성장과 환경 규제 사이에서 줄다리기가 이어졌다. 2000년대에 들어서면서 기후 변화가 '국가적 위기'로 부상했고, 파리 기후 협정 가입과 탈퇴, 다시 재가입 등 정책의 진폭도 컸다. 최근에는 청정에너지 확대와 탄소 중립 목표가 핵심 의제로 자리 잡았다. 미국의 환경 정책은 산업 발전과 환경 보전 사이에서 균형을 모색해왔으며, 기후 위기에 대응하는 실질적 행동으로 점차 진화하고 있다.

최근의 환경 정책은 단속과 규제를 넘어, 기후 위기의 뿌리까지 건드리는 방향으로 나아간다. 대형 발전소 배출 규제, 자동차 연비 기준 강화, 탄소세 논의 등은 오염pollution 저감에 직접적인 영향을 미친다. 동시에 연방 정부와 각 주 정부는 '정의로운 전환Just Transition'을 강조한다. 청정에너지 전환 과정에서 소외되는 계층이 없도록 일자리와 복지 지원을 병행한다.

멕시코만의 죽음의 구역처럼 환경 문제의 끝은 언제나 인간의 삶으로 돌아온다. 청정에너지 확대, 환경 질 개선, 오염 저감, 이 모든 단어들이 이제는 거대한 담론이 아니라, 삶의 가장 가까운 곳에서 작동한다. 결국, 환경 정책의 성패는 우리 일상의 질과 직결된다.

트럼프 행정부는 이런 흐름에서 고집스럽게 반대 방향으로 가고 있다. 경제 성장과 산업 보호를 내세우며, 환경 보호는 뒷전이다. 파리 기후 협정을 박차고 나가고, 화석 연료 산업에 힘을 실어준다. 기업을 숨통 트이게 하겠다며 환경 규제를 풀었지만, 그 대가는 온실가스와 기후 위기로 돌아왔다. 심지어 환경 관련 용어마저 정책에서 지워 버리려 한다. 지금의 이익에만 집착하다가는, 지속 가능한 미래는 영영 멀어질 수도 있다는 사실을, 그들은 외면하고 있다.

기후 과학

climate science

지구의 기후 시스템을 연구하는 학문으로, 기상학, 해양학, 빙하학, 지질학, 대기 화학 등 다양한 자연과학 분야가 융합되었다. 날씨가 아니라 기후가 어떻게 변화하는지, 왜 변화하는지, 그 변화가 인간과 자연에 어떤 영향을 미치는지를 분석하고 예측한다. 주요 이슈는 지구 온난화, 온실가스 증가, 극한 기상 현상 증가 등이다.

보수적인 정치권의 일부에서는 기후 과학의 결과를 부정하거나 왜곡 시도_기후 회의론_를 하기도 하여 사회적 갈등으로 작용한다. 2025년 트럼프 행정부의 기후 과학에 대한 입장은 근본적으로 부정적이며 축소 및 폄훼하는 방향으로 명확히 나타나고 있다. 파리 기후 협정을 탈퇴하고, NOAA_미국 해양 대기청_의 폐지를 시도하였다. 웹상의 기후 과학 정보를 삭제하도록 지시하고 수백 명의 과학자를 해고하였다. '기후 과학은 그저 최악의 시나리오에 불과하다'는 발언을 하며 연구 기관에 대한 예산 및 인력 감축을 진행하고 있다.

기후 위기

 **climate crisis**

인간 활동으로 인해 기후 변화가 이미 심각한 수준에 이르렀고, 즉각적인 대응이 없으면 돌이킬 수 없는 피해가 발생한다는 인식을 반영하는 용어이다. 추상적인 개념이 아니라 이미 전 세계적으로 구체적인 피해와 변화가 관찰되고 있다.

2023년 미국 애리조나주 피닉스에서는 한 달 연속 43도 이상의 폭염이 지속되어 사망자가 급증했다. 2022년 인도와 파키스탄에서는 50도에 육박하는 폭염으로 수백 명이 사망했고 농작물이 대량 폐사되었다. 한국 역시 여름철마다 열대야와 40도에 육박하는 폭염이 발생하여 야외 활동을 중단하도록 권고하는 실정이다.

극한 기온 현상은 폭염에 그치지 않는다. 북극의 온난화로 제트 기류가 약화되어 찬 공기가 남하해 혹독한 겨울 한파가 몰아치는 일이 벌어지게 되었다. 2021년 미국 텍사스의 눈 폭풍 사태가 대표적이다.

그뿐 아니라 산불도 증가하고 있다. 2020년 미국 캘리포니아에서는 1년간 4만 건 이상의 산불이 발생했다. 2023년에는 캐나다에서 역대 최악의 산불이 일어나 북미 지역 대기질에 큰 타격을 줬다. 호주는 2019년과 2020년의 여름을 블랙 썸머라고 표현한다. 이 당시 약 30억 마리의 동물들이 죽거나 서식지를 잃었다.

해수면 상승과 해안 침식도 심각한 변화다. 이미 몰디브, 투발루, 방글라데시는 해수면 상승으로 해안 침식이 벌어져 그 지역에 살던 주민들이 다른 곳으로 이주하고 있다.

강력한 폭풍을 빼놓을 수 없다. 2017년 허리케인 하비는 텍사스에 1m 넘는 폭우를 쏟아냈고 이는 미국 역사상 가장 많은 비로 기록되었다. 2021년 독일과 벨기에서는 갑작스러운 폭우 때문에 발생한 홍수로 수백 명이 사망했다. 2022년 한국은 태풍 힌남노로 인해 한반도 남부 지역에 대규모 침수 사태가 발생했고 많은 사람이 목숨을 잃었다.

2025년 7월, 텍사스주에서는 홍수로 100명 이상이 사망, 실종되었다. 기상청 인력 감축으로 제대로 대처하지 못한 것이 원인이라는 지적에 백악관에서는 '비극을 정쟁에 활용하지 말라'고 반발하였다. 그리고 '트럼프 대통령을 홍수의 원인으로 지목하는 것은 거짓말이며 국가적 애도의 시기에 아무런 도움이 안 된다'는 입장을 내놓았다.

기후 위기는 여름이 길어진다는 단순한 변화가 아니다. 이로 인해 식량 생산이 불안정해지고 생태계가 붕괴되며 인간의 건강은 물론 사회 안정까지 영향을 끼친다. 기후 난민이 증가하고, 말라

리아 같은 기후병이 확산되며 기후 불안 장애를 겪는 사람들이 늘어난다. 지구는 현재 총체적인 위기 상황에 있다.

"Our house is on fire."

우리 집이 불타고 있어요.

- 그레타 툰베리

*스웨덴 출신의 환경 운동가로 아주 어린 나이에 학교를 뛰쳐나와 스웨덴 의회 앞에서 기후 위기 대응을 촉구하는 1인 시위를 시작했다. 이는 전 세계 청소년과 성인들로 확산됐다. 그녀가 말한 이 문장은 지구가 심각한 기후 위기에 처해 있음을 비유적으로 표현한 유명한 발언이다.

"We are the first generation to feel the effect of climate change and the last generation who can do something about it."

우리는 기후 변화의 영향을 처음으로 직접 느끼는 세대이자, 이 문제를 해결할 수 있는 마지막 세대입니다.

- 버락 오바마

멕시코만 (2)

Gulf of Mexico (2)

NEWS 2025년 1월 20일, 도널드 트럼프 대통령은 행정 명령을 통해 미국 연방 기관들에게 멕시코만 대신 미국만이라는 명칭을 쓰도록 지시했다. 이에 따라 지질 조사국USGS은 기자 대응을 금지하고 직원들에게 '언론 요청에 답하지 말라'는 지침을 내렸다고 알려졌다. AP, WSJ 등 주요 언론사들이 이 명칭을 거부하며 계속 멕시코만으로 표기하자 트럼프 재임 중 백악관 접근이 제한되거나 대통령 일정에서 배제되었다.

멕시코만은 약 15,000종의 생물이 서식하고 늪지, 산호초, 연안 염습지바닷물이 드나드는 지역에 형성되어 염생 식물이 자라는 해안 습지, 심해 열수분출공 생태계햇빛이 닿지 않는 깊은 바닷속에서 뜨거운 열수와 화학 합성에 의해 유지되는 특수 생태계 등 다양한 서식처가 공존하는 세계적으로 중요한 복합 생태계이다. 그렇지만 인간의 과도한 개발과 기후 변화로 인해 큰 위협에 직면해 있다.

현재 멕시코만은 해수 온도 상승과 산성화로 산호가 백화되고 습지가 사라지고 있다. 해저 파이프라인에서 오염 물질이 지속해서 방출되고, 2010년에는 원유가 대량 유출시추선 딥워터 호라이즌 폭발 사고되어 다양한 생물들이 장기적으로 복구 불가능한 피해를 입었다. 선박 충돌 같은 인적 사고로 전 세계에서 100마리 미만으로 있는 희귀 포유류 라이스 고래의 수요가 급격히 줄고, 라이언 피시 같은 외래종이 침입해 생태계의 균형을 붕괴시키고 있으며 플로리다 일대에서 생긴 적조 현상 역시 악영향을 끼치고 있다. 강력한 허리케인은 침수와 지형 변화는 물론 서식지의 파괴를 초래하고, 해수면의 상승은 이미 취약한 연안 지형을 더욱 침식하고 있다.

그러나 트럼프는 기존의 해양 석유·가스 시추 금지 조치를 철회하고 신규 시추를 정책적으로 권장하고 있다. 에너지 긴급 선언을 통해 LNG 터미널 허가, 송유관 설치 완화, 시추 작업 간소화 등의 조치도 단행했다. 오바마 행정부 시절에 행해진 영구 해상 보호 구역 지정도 철회했다. 환경 단체들은 이 정책이 해양 생태계와 지역 어업, 관광 산업에 심각하고 장기적인 피해를 초래할 것이라 강력하게 비판하고 소송을 진행하고 있다.

또한 트럼프는 행정 명령을 통해 멕시코만의 명칭을 미국만 Gulf of America 으로 변경하도록 지시했다. 연방 기관은 명칭을 변경했지만, 주 정부나 국제 사회에서는 인정되지 않았고 법적 논쟁이 이어지고 있다.

오염

pollution

이때 오염은, 인간 활동으로 인해 자연에 존재하면 안 될 것들이 너무 많아져서 자연이 스스로 회복하지 못하는 상태를 말한다.

오염의 종류에는 황사, 미세 먼지, 자동차 배기가스 등으로 인한 대기 오염을 비롯하여 강, 호수, 바다에 플라스틱, 유출 기름, 폐수 등이 흘러들어 수생 생물에게 영향을 끼치는 수질 오염, 불법 폐기물이나 공장 터 사용으로 중금속과 농약이 땅에 흡수된 토양 오염 등이 있는데, 최근에는 소음 오염이나 빛 공해도 그 심각성이 높아지고 있다. 인류가 가장 위협적으로 느끼는 체르노빌이나 후쿠시마 원전 사고 같은 방사성 물질 유출에 따른 방사능 오염도 들 수 있다.

예전에 태평양에서 바다를 떠도는 플라스틱이 모여 만든 거대한 쓰레기 섬이 관찰되어 충격을 준 적이 있다. 중국 란저우에서는 심각한 중금속 오염으로 마을 전체가 집을 버리고 다른 곳으로 이주하는 일이 일어났다. 인도 델리에서는 하루 동안 마시는 공기가 담배 수십 개비를 흡입하는 것과 비슷한 효과를 낸다는 연구 결과가 나와서 큰 문제가 되었다.

청정에너지

clean energy

청정에너지는 지구를 오염시키지 않거나 오염을 최소화하는 방식으로 생산되는 에너지를 말한다. 탄소 배출이 거의 없고 환경을 파괴하지 않으며 지속 가능한 에너지원으로, 태양광, 풍력, 수력, 지열, 바이오에너지 등이다.

그러나 트럼프 행정부는 재생 에너지에 대한 세액 공제를 축소하고 전기차 보조금을 비롯하여 청정에너지 인센티브 철회를 추진하고 있다. 게다가 오히려 석탄, 천연가스 등 화석 연료 산업을 우대하여 공공 토지나 해양의 시추 승인에 대한 법규를 완화하고 원자력 에너지 확대를 추진하는 한편, 해상과 육상의 풍력 에너지 신규 개발 허가를 전면 중단하고 기존 진행하던 프로젝트마저 허가를 철회하거나 운영 정지를 요구하는 중이다. 청정에너지에 대한 지원을 복잡화하는 바람에 재생 에너지 관련 스타트업에 대한 투자가 50% 이상 급감하였다. 트럼프 행정부는 이를 에너지 안보 강화, 전기 요금 절감으로 정당화하지만 전문가들은 전기 비용 상승, 일자리 축소, 기술 경쟁력 약화, 기후 리더십 후퇴 등을 초래할 것으로 우려하고 있다.

환경 품질

environmental quality

사람과 생물이 건강하게 살 수 있도록 환경이 얼마나 안전하고 깨끗한지를 나타내는 개념이다. 이 개념은 여러 환경 정책의 궁극적인 목표이자 기준이 된다. 환경 품질을 가늠하는 지표에는 다음과 같은 것들이 있다.

대기질 지수인 AQI$^{\text{Air Quality Index}}$는 0에서 500 사이로 표현하는데 100 이상이면 '나쁨'이다. 수질 지표인 BOD$^{\text{Biochemical Oxygen Demand}}$는 낮을수록 깨끗하다. 생물의 다양성과 안정성을 평가하는 생물 다양성 지수가 있고, 소음 공해와 관련된 소음 데시벨^{dB} 수치가 있다.

2025년 상반기 미국 서부에 대형 산불이 발생하여 로스앤젤레스에서 12명이 사망하고 대기질 지수가 위험 수준인 300 이상까지 치솟았다. 오대호$^{\text{미국과 캐나다의 국경 지역에 서로 잇닿아 있는 다섯 개의 호수로, 슈피리어호, 미시간호, 휴런호, 이리호, 온타리오호이다}}$의 수질 악화로 호수에 조류가 번식하여 식수로 사용하기 불안한 상태도 당면한 문제이다. 각 도시의 소음 공해는 이제 치료가 필요한 불면증과 심리적 불안 증상을 유발하는 심각한 상태에 도달했다. 그러나 2025년 현재 트럼프 행정부는 환경 품질과 관련된 규제를 완화하는 방향으로 나아가고 있다.

"여기 등장하는 단어들 중에는 우리에게 익숙한 것들도 있지만, 아직 낯선 것들도 있다. 하지만 그 낯선 것들 역시 머지않아 우리의 현실이 되고, 고민이 될 것이다."

에필로그

분열을 넘어설 새로운 언어

'문화 전쟁'이라는 말, 솔직히 난 썩 마음에 들지 않는다. 전쟁이라니. 승자와 패자가 갈려야 하고, 그 뒤엔 피와 희생밖에 남지 않는 극단적 이미지 아닌가. 그런데 이게 현실이다. 미국에서 벌어지는 일이 그렇다. 그렇다면 전쟁을 대체 무엇으로 바꿔야 할까? '대결'은 너무 가볍고, '갈등'은 꼭 해결해야 할 무언가처럼 들린다. 민주주의 사회에서 갈등은 오히려 자연스러운 현상이다. 갈등 없는 사회는 독재와 다를 바 없다. 그럼에도 '전쟁'이라는 말이 주는 무게감은 너무 강하다. 그래서 난 '문화적 긴장'이나 '문화 다원성'과 같은 표현을 '문화 전쟁'의 대체어로 생각해본다.

'문화 전쟁'은 결국 '용어 전쟁'이다. 단어 하나, 표현 하나가 바로 정체성이 되고, 그 정체성이 곧 싸움터가 된다. 트럼프가 노리는 것도 바로 그 지점이다. 그는 미국인들의 일상 속 깊숙이 뿌리내린 단어들을 금지하려 한다. DEI와 조금이라도 연관된 용어들을 통제함으로써 사회 전체를 자신이 원하는 방향으로 몰고 가려 한다. 무서운 일 아닌가.

이 책을 쓴 이유? 미국 때문이 아니다. 우리 때문이다. 여기 등장하는 단어들 중에는 우리에게 익숙한 것들도 있지만, 아직 낯선 것들도 있다. 하지만 그 낯선 것들 역시 머지않아 우리의 현실이 되고, 고민이 될 것이다. 그래서 미국에서 벌어지는 '용어 전쟁'을 깊이 들여다보고, 그에 맞서 준비하는 것이 이 책의 가장 큰 목적이다.

이 책을 쓰는 동안, 나는 한 가지 결심이 섰다. 문화 전쟁이든, 진영 대립이든, 우리 사회에 깊숙이 뿌리내린 분열을 넘어설 새로운 언어를 찾아내야 한다는 것이다. 트럼프는 불안과 분노, 증오를 무기로 삼아 자신의 세력을 결집한다. 우리 일상의 구석구석에도 그와 닮은 세력들이 끊임없이 모습을 드러낸다. 이에 대해 단순히 비판하거나 경계하는 건 이제 무의미하다. "공격이 최고의 방어"라는 말처럼, 우리는 그들의 전략에 맞서 거침없이 맞서야 한다. 부정적인 말과 표현을 걷어내고, 그 자리에 희망과 온기를 담은 언어를 심어야 한다. '문화 전쟁'이라는 무거운 단어 대신, 새로운 표현을 찾고자 하는 것도 그 여정의 일부다. 일상 속에 무심코 던져지는 말들 속에 숨어 있는 갈등과 분열의 씨앗을 뽑아내고, 대신 희망을 품은 언어로 빈자리를 채워야 한다. 이것이 바로 성숙한 민주주의로 향하는 길이다.

이 고민을 담아 독자들과 다시 만날 것이다. 이 책의 자연스러운 후속편이 될 것이다.

Novus ordo seclorum
시대의 새로운 질서

미국 건국 초기 이념

트럼프 금지어 사전

초판 1쇄 발행일	2025년 8월 29일
지은이	김봉중
펴낸이	金昇芝
편 집	장정민
디자인	박세나
펴낸곳	베르단디
출판등록	제 2018-000343호
전화	070-4062-1908
팩스	02-6280-1908
주소	경기도 파주시 경의로 1114 에펠타워 406호
이메일	bluemoose_editor@naver.ocm
인스타그램	verdandi_books

ⓒ 김봉중, 2025

ISBN 979-11-93407-42-4 (03740)

현재의 운명을 주관하는 여신이라는 뜻의 베르단디는 블루무스 출판사의 인문·에세이 브랜드입니다.

*이 책은 저작권법에 따라 보호받는 저작물이므로 무단 전재와 복제를 금합니다.
*이 책의 일부 또는 전부를 이용하려면 저작권자와 블루무스의 동의를 얻어야 합니다.
*책값은 뒤표지에 있습니다. 잘못된 책은 구입하신 곳에서 바꾸어 드립니다.